일단, 오늘 1시간만 공부해봅시다

양
승
진
지
음

일단,
오늘 1시간만
공부해봅시다

다시 시작하는 나를 위한 1일 공부 실천법

메멘토

불안해서 시작한 공부가
취미가 되었다

학교 졸업 후 영자 신문사에 취직해 기자로 근무하면서 공부의 필요성을 느꼈다. 기사를 쓰려니 사회 전반에 대한 배경지식이 부족하다는 것을 절감했다. 특정 분야에서 인정받는 인물과 인터뷰라도 할라치면 진땀이 나기도 했다. 그래서 기자 초년 시절 막연한 불안감에서 벗어나려고 일본어 학원에 등록해서 공부를 시작했다. 미래의 나를 위한 투자라 생각하니 비싼 수강료가 아깝지 않았다. 학원에서 새벽 강의를 듣고 출근하면 뿌듯했다. 그 당시만 해도 '직장인 공부'를 이토록 오랜 기간 지속하리라고는 생각지도 못했다.

몇 년이 지난 어느 여름날 저녁, 에어컨 바람도 제대로 나오지 않는 학원 강의실 구석에 앉아 땀을 뻘뻘 흘리면서 '올해에는 꼭 일본어 JLPT 1급 시험에 합격해야지' 하며 단어를 외우고 문제를 풀었다. 반은 자기계발, 반은 취미로 하는 공부를 나름 휴식 시간까지 아껴가며 참 열성적으로 했다. 그리고 여유 시간이 생기면 습관처럼 책을 읽거나 팟캐스트를 듣거나 외국어 자격증이나 학위를 따기 위한 공부에 시간을 투자했다.

미래의 나를 위해서, 전문성을 확보하기 위해서, 막연한 불안감을 해소하기 위해서, 계획한 목표를 달성하는 성취감을 얻기 위해서……. 이 모든 것이 공부를 하는 충분한 이유가 된다. 하지만 적어도 내가 공부를 하는 제일 큰 이유는 예상치 못한 순간에 느끼는 '재미'이다.

대학교 2학년 여름방학 기간에 학교 도서관에서 D. H. 로렌스(D. H. Lawrence)의 『아들과 연인(Sons and Lovers)』을 열심히 읽었다. 선배가 알려준 방법으로(3장에 상세한 설명이 있으니 참조!) 소설을 각 장별로 반복해서 읽었다. 주요 단어를 표시하고 문학적인 의미를 책의 여백에 메모했다. 시간이 좀 오래 걸렸지만 작품을 분석하며 읽으니 작가가 숨겨놓은 상징을 발견하거나 심층적인 의미를 풀어낼 때 마치 퍼즐의 정답을 맞히는 것처럼 재미가 있었다. 단순한 지적 호기심 충족 차원의 재미가 아니었다. 열심히 새로운 의미를 찾아내고 요소 간의 관계를 연결하는 과정에서 느끼는 흥미와 만족감이 그 무엇보다 크고 깊었다. 도서관 이용 시간이 끝날 때면 '왜 이렇게 시간이 빨리 가지' 하는 아쉬움이 느껴질 정도로 공부가 주는 묘한 중독성에 푹 빠졌다.

하지만 공부를 하면서 느끼는 '한여름 밤의 꿈' 같은 달콤한 여운은 가끔 예상치 못한 순간에 받는 '보너스'라고 생각해야 한다. 일반적으로 공부는 '귀차니즘'과 별의별 유혹을 물리치고 책상 앞에 앉아 스스로 정한 진도를 완수하기 위한 결단과 노력을 요구한다. '자기와의 싸움'이라는 상투적 표현이 신랄하게 현실적으로 다가온다. 종종 바다 한가운데에서 표류하는 듯한 막막함이나 폭포수처럼 쏟아지는 수면 욕구와도 싸워야 한다.

직장을 다니며 공부를 취미 삼아 했다지만 그 과정이 결코 만만하지는 않았다. 지지부진한 진도로 슬럼프에 빠질 때면 공부법에 대한 갈증이 심해졌다. 인터넷에서 학습에 관한 글을 찾아 읽고 공부법에 대한 책도 사서 보았다. 하지만 실제 공부에 어떻게 적용해야 하는지 구체적으로 알려주는 팁은 찾기 어려웠다. 오히려 학교 다닐 때부터 각종 공부 도구를 활용하는 데 관심이 많아 하나씩 체득했던 나만의 방법론이 꽤 많다는 걸 깨달았다.

종종 영어 학습에 관한 외부 강의를 하는데 청중들로부터 세세한 공부법에 대한 질문을 많이 받는다. 무엇부터 공부해야 할지 몰라 답답하다는 직장인, 하루에 얼마의 시간을 투자해서 공부해야 하는지 모르겠다는 학생, 자녀들의 학습과 관련해서 동기 부여에 대해 고민하는 학부모가 많았다. 어떤 공부 도구를 사용하고 어떤 채널을 구독하고 어떤 교재를 보는지 궁금해하는 분도 있었다. 강의 때마다 비슷한 질문을 받으면서 언젠가 내가 아는 공부 기술을 최대한 상세하게 설명하는 책을 쓰고 싶다는 생각을 했다. 이 책이 그 결과물인 셈이다.

여기에는 다시 공부를 시작하려는 사람이나 어떻게 공부를 시작해야 할지 몰라 막막하다는 분들을 위한 실천적 학습법을 담았다. 책에 나오는 대부분의 내용은 이미 잘 알려진 교육 이론과 학술적으로 검증된 방법을 직접 사용해보고 익힌 노하우를 모은 것이다. 실제로 직장 생활과 학업을 병행하면서 터득한 시간 관리 기술을 포함해 공부에 관심을 가진 사람들이 가장 궁금해하고 어려워하는 부분을 실전 팁을 중심으로 정리했다.

공부법의 핵심은 결국 꾸준한 실천이다. 'Slow and steady wins the race(느리더라도 꾸준히 하면 결국 이긴다)'라는 영어 속담이 있다. 공부 의욕이 떨어지는 날에 떠올리면 다시 마음을 다잡게 해주는 문장이자 이 책을 통해 독자에게 전달하고 싶은 메시지이기도 하다. 오늘 하루 1시간 공부는 꾸준한 공부를 위한 실천의 첫걸음을 의미한다. 그 1시간 공부가 오랫동안 누적되면 큰 변화의 원동력이 될 수 있다. 일단 이 책에서 제안하는 다양한 공부법에 따라 오늘 딱 1시간만 공부해보자. 예상치 못한 '짜릿한 재미'가 공부하는 모든 이들에게 보너스로 주어지리라 확신한다.

2019년 6월
양승진

3장 • — 묻지도 따지지도 말고 '아웃풋'하자

4장 • — 이제, 나에게 맞는 공부 시스템을 만들어보자

5장 •── 실전! 외국어 공부

6장 •── 실전! 지적 성장을 위한 공부

부록 •— 공부 도구 활용

1장

**일단,
하루 1시간을
확보하자**

시간 확보의
걸림돌은 '나'

학생이 아닌 직장인이나 주부가 공부를 해야겠다고 다짐할 때 특정 시험을 목표로 하지 않는 이상 무엇을, 얼마나 공부해야 할지 잘 모르는 게 당연하다. 학습의 분량이 모호한 상황이니 매일 투입해야 하는 시간도 가늠하기가 쉽지 않고, 어떻게 시간을 운용해야 하는지도 판단하기 어렵다. 하지만 너무 걱정할 필요는 없다. 일단 공부를 시작하는 것 자체에 큰 의미가 있고, 시작 단계에서 가장 일반적인 시간 단위인 하루 30분, 혹은 1시간을 기준으로 삼으면 된다.

누구나 비슷한 경험을 한다. 넘치는 게 시간 같은데 막상 공부를 하려고 들면 없던 집안일이 생기고 회사 일도 제대로 안 굴러갈 것 같은 불안감이 밀려온다. 무슨 공부를 할지 결정도 했고 목표도 세였다. 그런데 도대체 짬을 내기가 어렵다. 이러다 또 내년으로 공부 계획이 미뤄질 게 뻔하다. 하지만 어쩌랴. 시간이 없는데…….

공부 시간 확보와 관련해서 조금 진지하게 생각해볼 필요가 있다. 과연 시간이 그렇게 부족할까? 물리적으로 확보할 수 있는 시간이 그렇게도 없을까? 시간을 다투어 바쁜 일정을 소화해야 하는 여러 직업군이 있지만 그 정도로 바쁜 사람은 아주 소수이다. 하루 30분이나 1시간 정도라도 자기만의 시간을 내기가 어려운 것은 물리적인 요인보다 정신적인 방해 요소와 더 깊이 관련되어 있다. 퇴근 후 저녁 시간을 활용해서 오랜 기간 어학 학원을 다닌 경험을 돌이켜보면 수업을 들으려고 어떻게든 일정을 조정했고 때로는 저녁을 샌드위치로 때우면서도 수업에 들어갔다. 공부를 시작하겠다면 쉽지는 않지만 매일 일정한 학습 시간을 확보하는 것이 관건임을 강조하고 싶다.

시간에 대한 이중적인 태도

주중 저녁, 퇴근 이후의 학습 시간을 어렵게 마련해서 공부하는 사람들이 반드시 주의해야 할 점이 있다. 바로 주말과 공휴일이다. 가족과 보내는 시간이나 꼭 참여해야 하는 모임과 행사로 주말을 온전히 공부에 투자하기란 쉽지 않다. 하지만 '휴식'이란 명목으로 게임을 하거나 목적 없이 유튜브 삼매경에 빠지거나 밀린 잠을 청하며 낭비해버리기 쉬운 것이 주말이나 공휴일의 시간이다.

　필자의 경우도 주중에 열심히 일하고 공부한 노력에 대한 일종의 보상 심리로 주말에 방 안을 뒹굴면서 허무하게 시간을 낭비하고 월요일 아침에 시쳇말로 '뼈 때리는' 후회를 한 적이 셀 수 없을 만큼 많다. 지금도 게으름을 많이 피운 날에는 시간의 가치에 대한 나의 이중적인 태도에 놀라곤 한다. 주중 저녁 1시간은 금보다 귀중하게 여기면서 주말 6시간, 혹은 10시간의 자유 시간은 아무렇지 않게 허망하게 보내니 말이다. 주중에 고생했으니 주말에는 쉬어야 한다고 정당화하기도 한다. 틀린 말도 아니다. 하지만 이렇게 한번 흐름이 깨져버리면 그 정당화의 이유들은 주중에까지 침범해 영향을 끼치고 어느새 공부 결심은 작심삼일로 끝나버린다.

　일단 공부를 하겠다고 결심했다면, 자신이 정한 일정한 시간을 꾸준히 할애하도록 하자. 주중이건 주말이건 그 시간만큼은 지켜 공부를 한 뒤에 휴식을 취하면 마음의 부담없이 제대로 쉴 수 있다.

2

공부에
투자 가능한 시간은?

일반적인 시간 관리 요령에 대한 책이나 자료를 보면 시간의 중요성에 대한 설명으로 시작한다. 하루 24시간, 1년은 365일이고 시간으로 환산하면 8,760시간이다. 80년을 산다고 가정하면 총 70만 800시간이다. 인생의 시간이 70만여 시간이나 되어도 그중에서 실질 가용 시간은 그렇게 많지 않다고 생각할 수도 있다.

40세부터 다시 공부를 시작해 경제활동을 하는 60세까지 20년이라는 기간을 투자한다고 치자. 총 17만 5,200시간 중 수면, 식사 및 기타 필수적으로 소모되는 시간, 근로 시간 등을 제외하면 총 가용 시간은 약 3만여 시간뿐이다. 이것은 넉넉한 시간일까, 부족한 시간일까? 현실적으로 실천 가능한 시간일까, 비현실적인 계산상의 시간일까?

3만 시간은 결코 적은 시간이 아니다. 1만 시간을 투자하면 특정 분야의 전문가가 될 수 있다는 내용의 책이 베스트셀러가 된 적이 있다. 이 책의 주장을 액면 그대로 받아들이면 3만 시간은 최소 세 가지 분야에서 최고 전문가로 인정받기 위해 투자할 수 있는 시간이다. 10시간에 1권씩 책을 읽는다면 3,000권을 독파할 수 있으며, 대학원 석사, 박사 코스를 완주하고도 남을 시간이다.

하지만 3만 시간은 이론상 공부에 투자할 수 있는 최대 시간이다. 하루 평균 4시간씩 20년을 공부해야 한다는 말인데, 공부가 직업인 학자가 아닌 이상 이는 현실적으로 불가능하다. 대신 4시간이라는 숫자를 하나의 기준점으로 활용할 수 있다. 처음에는 이 중 4분의 1 정도를 투자하는 것이다.

하루 1시간에서 최대 4시간까지

너무 낙관적이면 공부를 제대로 하지 않고 너무 비관적이면 삶이 각박해질 수 있다. 낙관도 비관도 아닌 현실적인 안을 추천한다. 일단 하루 1시간 공부를 제안하는데, 이 1시간도 매일 주어지는 4~5시간의 가용 시간에서 차지하는 비중으로 따지면 결코 작지 않다. 만약 특정 시험을 준비하거나 단기간에 다량의 학습이 필요하다면 1시간으로 부족하다. 이런 경우는 하루 최대 4시간까지 염두에 두고 학습 계획을 설계하자. 4시간 이상은 무리다. 기본적인 수면 시간과 업무 시간, 개인의 행복을 위한 절대 시간을 희생하면서까지 공부를 오래 지속할 수는 없다. 적은 시간이라도 최대한 활용하여 집중력과 공부 습관을 잡아나가는 방향으로 고민해야 한다.

왜 1시간 단위가
중요한가

하루 1시간, 특히 외부 자극에서 격리된 온전한 1시간은 제대로 공부에 투자할 경우 상당한 가치가 있는 시간이다. 하루를 24시간으로 인식하고 생활하는 우리에게 왜 1시간 단위가 중요할까? 물론 분 단위로 쪼개서 업무를 하는 사람도 있지만 학교 수업에서 직장 업무에 이르기까지 대부분의 활동이 시간 단위로 계획되고 처리된다. 학습의 기준을 잡고 성과를 기록하는 데 시간 단위의 학습이 편리하기 때문이지만 좀 더 근본적인 이유가 있다. 학습과 업무는 시간이 흐르는 동안 지속해서 집중력을 소모한다. 일정 시간이 흐른 뒤에는 집중력이 매우 낮아지므로 생산성을 유지하기 위해서는 적절한 때에 쉬어야 하는데, 이 집중력을 유지하는 한계 시간이 대략

50분에서 1시간 정도다.

52분 업무, 17분 휴식

업무 시간과 생산성에 관련된 연구가 이런 1시간 단위의 중요성에 대한 힌트를 제공한다. '데스크타임(DeskTime)'이라는 컴퓨터 사용 내역을 측정하는 애플리케이션(application : 휴대전화나 스마트폰 등에 내려받아 사용할 수 있는 응용프로그램. 이하 앱)에 따르면, 생산성 상위 10 퍼센트의 사람들은 평균 52분을 연속으로 일한 뒤에 17분의 휴식을 취하는 것으로 나타났다. 17분의 휴식 시간은 컴퓨터에서 물리적으로 벗어나서 산책이나 다른 사람들과 대화를 나누는 데 사용되었다.

실제 직장에서 8~9시간 근무를 하고 집에 돌아와 공부를 하려는 사람은 52분 학습 후 17분 휴식을 그대로 따라 할 필요는 없다. 여기서 참고할 사항은 약 50~60분이 생산성을 유지하면서 학습하기에 가장 적절한 시간 단위라는 것이다.

1시간은 짧으면서도 긴 시간이다. 하루 24시간에서 1시간은 4.16 퍼센트에 불과한 '적은' 시간이다. 하지만 평일 기준 필수불가결한 시간인 수면 7시간, 식사 3시간, 업무 8시간, 출퇴근 2시간 정도를 뺀 가용 시간 4시간에서 1시간은 자그마치 25퍼센트를 차지하는 '많은' 시간이다. 특히 직장인이라면 하루 종일 업무에 시달리고 집에 돌아와 의자에 앉아 집중하는 1시간은 귀중한 저녁 시간의 상당 부분을 차지한다. 한마디로 나의 삶에서 대단히 높은 비중을 차지하는 시간을 학습에 투자한다는 것을 의미한다.

하루 1시간, 배움에 유용한 기준점

세계적으로 명성을 떨치는 성공한 사람들의 상당수가 매일 퇴근 후에 최소 1시간을 자신에게 꼭 필요한 공부나 독서를 하는 등 자기 계발을 위해 투자한다고 한다. 예를 들어 기업 혁신과 리더십 프로그램 전문으로 유명한 엠팩트(Empact)의 창립자인 마이클 시몬스(Michael Simmons)는 '5시간 법칙(five-hour rule)'을 제안하면서, 빌 게이츠, 워런 버핏, 오프라 윈프리 등 성공한 다수의 사람들이 아무리 바빠도 최소 하루 1시간 또는 일주일에 5시간을 배움에 투자한다고 말한다.

길다면 길고 짧다면 짧은 1시간은 우리 삶을 이루는 가장 기본적인 시간 단위이면서 동시에 배움을 실천하는 편리하고 유용한 기준점이다.

4

얼마나 지속해야
공부 습관이 생길까

퇴근 후 억지로 앉아 공부하려고 하면 당연히 효율이 떨어진다. 특히 암기를 기본으로 하는 외국어 학습은 상당히 많은 뇌 에너지가 소모되기 때문에 집중력을 유지하면서 지속하는 것이 결코 쉽지 않다. 이런 상황에서 그저 매일 열심히 공부하겠다는 '강한 다짐'만으로는 부족하다. 1시간 학습을 궤도에 올리기 위해서라도 공부하는 '습관'을 형성하는 쪽으로 전략을 세워야 한다.

습관 형성에 필요한 시간

새로운 습관을 형성하거나 기존 습관을 바꾸려면 일정 기간 같은 행동을 반복해야 한다. 미국의 성형외과 의사 맥스웰 몰츠(Maxwell Maltz)는 1960년에 출간한 저서 『성공의 법칙(Psycho-Cybernetics)』에서 손이나 발이 절단된 환자가 신체 일부를 잃었다는 사실에 익숙해지는 데 약 21일이 걸린다며 이를 근거로 약 21일이 습관으로 길들여지는 데 걸리는 시간이라고 주장했다. 다른 습관 연구에 따르면, 의식하지 않고 거의 자동으로 특정한 행동을 하려면 평균 66일이 걸린다고 한다. 그러나 이 수치는 짧게는 18일에서 길게는 254일까지 개인별로 범위 차이가 매우 큰 사례들의 평균값이라서 절대적인 수치로 보기는 어렵다. 또 다른 관련 연구는 새로운 습관 형성을 위해서는 12주, 즉 3개월 정도가 걸린다고 주장한다.

필자는 한 과목을 매일 2시간씩 공부해서 두 달 정도 걸려 학습을 습관으로 만든 경험이 있다. 대학에 합격하고 입학하기 직전까지 약 두 달간 매일 2시간의 집중 과정으로 프랑스어 완전 기초 수업을 들은 적이 있다. 취미 삼아 프랑스어를 공부한 것인데 과정이 거의 끝날 무렵 집에서 영문 잡지를 뒤적이던 중 나도 모르게 프랑스식 발음으로 단어를 읽고 있었다. 그때의 경험으로 다른 분야는 몰라도 어학은 매일 2시간씩, 2개월 정도만 공부해도 학습이 습관으로 몸에 밴다는 것을 알았다.

습관을 형성하는 3단계 과정

습관 형성 기간에 대한 이론적인 논의나 이견이 많지만 최소 2~3개월 동안 거의 매일 공부하는 일을 반복하면 습관으로 만들 수 있다는 주장이 주류이다. 하지만 기간만 채운다고 해서 공부 습관이 자동으로 생기지는 않는다.

미국의 저널리스트 찰스 두히그(Charles Duhigg)는 자신의 저서 『습관의 힘(The Power of Habit)』에서 습관을 형성하는 3단계 과정에 관해 설명한다. 1단계는 습관을 촉발시키는 '신호(cue)'다. 필자가 근무하는 회사 바로 앞에 꽈배기를 파는 노점이 있다. 그 앞을 지나자면 투명 플라스틱통 속에 유혹하듯 쌓여 있는 꽈배기들이 빨리 사 먹으라는 신호를 보낸다. 참새가 방앗간을 그냥 못 지나치듯 나도 모르게 무의식적으로 꽈배기 두 개를 주문하는 일이 반복된다. 2단계인 이런 정형화되고 고정된 행동을 '반복행동(routine)'이라고 부른다. 신호와 반복행동은 3단계 '보상(reward)'으로 완성된다. 기대를 저버리지 않는 특유의 쫄깃한 식감이 입을 즐겁게 하고 달콤한 설탕맛이 허기진 배를 달래준다. 이런 만족감이 꽈배기를 사 먹는 습관에 대한 보상이다.

습관을 형성하는 3단계 과정

신호 → 반복행동 → 보상

찰스 두히그에 따르면 습관 형성의 3단계 과정을 인지하고 활용하면 기존의 나쁜 습관을 없애거나 새로 좋은 습관을 효율적으로 형성할 수 있다고 한다. 우선 본인의 반복행동을 파악한 후에 신호와 보상을 바꾸어보는 실험정신이 필요하다. 나의 경우, 퇴근할 때 꽈배기가 쏘아대는 신호를 피하기 위해 건물 뒤편으로 돌아간다거나 부득이하게 앞으로 지날 때는 최대한 투명 플라스틱통 안의 꽈배기와 눈맞춤을 피하는 것이다.

진짜 욕구 파악하기

보상이라는 개념은 이해하기가 좀 어렵다. 습관적으로 반복행동을 할 때 사람들은 종종 자신이 기대하는 보상이 정확히 무엇인지 모르거나 막연하게 기대하거나 상상한다. 특유의 식감을 느끼고 싶어서 퇴근할 때마다 계속 꽈배기를 사 먹는지 아니면 정말 배가 고파서인지, 그도 아니면 꽈배기를 사야만 하루의 일과가 끝났다는 심리적인 안정을 얻어서인지 본인도 잘 모른다.

진짜 보상이 무엇인지 파악하기 위해서 행동 패턴을 바꾸어보자. 꽈배기 대신 초콜릿을 사 먹거나 따뜻한 캔 커피를 마시거나 회사 옆 식당에서 저녁을 먹고 가본다. 반복행동을 일으키는 진짜 욕구가 무엇인지를 파악하면 습관적인 행동을 수정하거나 새롭게 생성하는 것이 수월해진다.

5

디지털 방해의 시대, 집중력을 높이려면

공부하려고 조용한 카페에서 마음을 굳게 먹고 책을 펼치는데 단체 카톡 알림이 울린다. 중요하지 않은 메시지가 확실한데도 머뭇거리다 결국 확인하고는 공부할 책으로 돌아온다. 10분 정도 공부했을까, 친한 친구에게서 전화가 와서 어쩔 수 없이 통화한다. 다시 공부하려고 집중하는데 이제는 집에서 문자 메시지가 온다. 1시간만 공부하고 집에 갈 거라는 답을 보내고 이번에는 진짜 집중해서 공부하려는데 좋아하는 아이돌 그룹의 신곡이 카페에 울려 퍼진다. 음악 앱을 열어 신곡을 한 번 더 듣고 앨범에 들어 있는 다른 곡도 궁금해 듣기 시작한다…….

한시적인 언플러깅의 필요성

요즘 세상에서 공부하려면 디지털 방해(digital distraction)라는 험난한 장애물을 넘어야 한다. 갈수록 방해의 종류도 많아지고 빈도와 강도도 증가하는데 그중 가장 큰 장애물의 하나가 스마트폰이다. 공부에 몰입하기 위해 디지털 방해를 최대한 차단하려고 해도 스마트폰 자체가 주요 학습 도구로 쓰이는 경우가 많아 차단하기가 생각보다 쉽지 않다. 예를 들어 학습을 위해 스마트폰의 영어 단어장 앱을 열려고 하면 온갖 소셜미디어 알림에 노출된다. 클릭하면 바로 열리는 이메일과 유튜브도 집중을 방해하는 장애물이다. 유튜버와 광고회사, 마케터, 거대 IT기업들은 어떻게 하면 시간 가는 줄 모를 정도로 재미있고 극한의 중독성을 가진 콘텐츠를 만들어서 사용자가 자신들의 서비스를 계속 사용하게 할지 너무나 잘 알고 있다. 이런 디지털 방해 요소가 넘쳐나는 환경에서 완전히 벗어나기 위해서 아예 언플러깅(unplugging: 전기 코드를 뽑는다는 의미로 디지털 기기 사용을 중단한다는 의미)을 해야 할까?

현실적인 상황을 생각하면 스마트폰을 포함한 모바일 기기 및 컴퓨터 사용을 완전히 끊는 것은 거의 불가능할뿐더러 근본적인 해결책도 아니다. 일부 앱이나 서비스를 선별적으로 포기해도 큰 문제가 없지만 당장 스마트폰을 사용하지 않으면 업무를 수행하기 어려운 이들도 많기 때문이다.

하지만 공부를 하는 시간만큼은 스마트폰 사용을 자제하자. 실시간으로 반드시 대응해야 하는 일은 극히 드물거나 미리 조처해둘 수 있으니 공부를 하는 시간만큼은 스마트폰을 무음으로 해둔다. 알림과 연동되는 진동 기능도 꺼놓고 책상에서 치우거나 가방에 넣어두고 공부를 시작하자.

해당 온라인 강의만 열어놓기

노트북 컴퓨터로 인터넷 강의를 들으면서 공부할 경우 해당 강의 화면만 전체화면 모드로 열어서 강의에만 집중하는 것도 방법이다. 강의를 들으면서 화면에 카카오톡이나 유튜브 등을 띄우는 습관적인 멀티태스킹은 공부할 의지가 없다는 의사표현과 같다. 컴퓨터에서 PDF 파일을 읽거나 책의 내용을 요약하는 작업을 할 때 따로 웹 검색이 필요하지 않다면 일정 시간 동안 인터넷 접속을 제한하는 프로그램을 사용하는 것도 좋다.

카이스트(KAIST)에서 석사과정 수업을 들을 때의 일이다. 정재승 교수님이 수업 중 스마트폰과 노트북 사용을 금지하셨는데, 수업 내내 노트에 필기하는 것 이외에는 다른 방해 요소가 없어 수업 내용이 머리에 더 잘 들어왔다. 반드시 컴퓨터를 사용해야 하는 과목이 아니라면 학생들의 집중력을 한 단계 올리는 효과적인 방법이라고 생각한다.

1시간을
온전히 소화하려면

지금까지 살면서 개인적으로 공부 관련 집중력이 가장 길게 유지되었던 기간은 고등학교 시절이었다. 학력고사 세대라 학교에서 아침부터 온종일 수업을 듣고 밤 10시까지 그다지 자율적이지 않은 '야간자율학습'을 했다. 50분 수업 후 10분 휴식 시간까지 문제를 풀거나 단어를 암기하는 학생들이 많았고, 야간자율학습 시간에는 선생님의 감시의 눈길을 의식하며 서너 시간 동안 딱딱한 의자에 앉아 수험공부를 했다. 생각해보면 점심과 저녁 식사 시간을 제외하고도 공부 시간이 하루 평균 10시간이 넘었다. 그 시간 내내 집중하지는 않았지만 책상과 합체될 정도로 몸과 정신 상태가 장시간 공부에 익숙해져 있었다.

대학에 합격한 후에 고등학교에서 공부하던 반만 해도 과 수석을 하겠다는 선배들의 농담에 맞장구를 쳤는데, 지금 생각해보면 틀린 말이었다. 5시간이 아니라 매일 2~3시간만 집중해서 공부해도 과 수석을 하기에 충분하지 않았을까. 대학 공부가 고등학교 공부보다 분량이 적거나 난이도가 낮다는 말이 아니라 강제적이나마 고등학 교에서는 매일 공부하는 습관이 잡혀 있었다는 말이다. 게다가 당시에는 스마트폰도 없었고 노트북도 없었다. 주의력을 분산시키는 요소가 거의 없었던 셈이다. 유일한 방해물이라곤 방심하면 밀려드는 졸음 정도였다.

시계를 현재로 돌려 최근에 시간을 어떻게 소비하는지 보면 격세 지감이 아니라 경천동지의 변화를 느낀다. 방해 요소가 없는 온전한 1시간을 확보하기가 쉽지 않고 어렵사리 시간을 마련하더라도 1시간 내내 집중력을 유지하기가 몹시 어려운 세상이다.

시간 측정 도구와 장소 마련하기

하루 1시간을 물리적으로 확보했다면 이제 그 시간을 온전히 내 것으로 만들어야 한다. 어떻게 해야 나만의 시간으로 만들 수 있을까? 초급자라면 집중력을 높이는 도구를 적극적으로 활용해보자. 구글에서 회의를 하거나 급한 업무 처리가 필요할 때 사용한다고 알려져 있는 타임타이머라는 제품이 있다. 공부 시간을 직관적으로

**타임타이머. 스마트폰 앱보다
실물 타임타이머를 사용해 공부 시간을 측정하자.**

보여주어 집중력을 높이는 데 도움이 된다. 스마트폰에 있는 타이머 앱을 사용해도 좋지만 눈으로 쉽게 확인할 수 있는 소형 탁상시계 형태가 낫다. 앱으로 시간을 확인하면 소셜미디어 알림에 노출될 확률이 높아 흐름이 쉽게 깨질 수 있기 때문이다.

타이머와 같은 시간 측정 도구를 준비했다면 공부 시간 중에 방해를 받지 않도록 주변 환경을 정리하거나 카페와 같이 타인의 간섭 효과가 거의 없는 곳에 자리를 잡는다. 물리적인 장소도 중요하지만 가능한 한 심리적인 방해 요소가 없는 환경 조성이 중요하다.

공부 외 다른 일은 1시간 후로 미루기

시간 측정 도구와 공부하는 데 적합한 장소가 마련되었다면 이제 가장 중요한 작업이 남아 있다. 1시간 동안 다른 곳에 신경 쓰지 말고 공부에 '올인'하겠다는 마음가짐이다. 딴생각이 나고 스마트폰을 확인해보고 싶고 졸리고 문득 화장실에 가야겠고 지저분한 책상 위를 정리하고 싶고 방 청소도 해야 할 것 같아도 모두 1시간 뒤로 미루자. 공부하는 행위는 아무도 도와줄 수 없다. 진도가 생각보다 느리다고 느껴져도 그냥 계속하자. 집중하는 시간이 5분 미만으로 짧아도 멈추지 말고 계속해야 한다.

중요한 원칙은 자리에 앉아서 1시간을 모두 온전하게 투자해서 책을 보거나 공부를 하는 행동 패턴에서 벗어나지 않는 것이다. 보고 있는 자료를 이해하는 비율이 낮거나 딴생각을 하는 시간이 많더라도 그 시간은 꼭 유지하자. 1시간 연속으로 공부를 하는 행동에 우리의 몸이 익숙해지도록 노력하자.

이때 되도록 공부할 책이나 참고서를 딱 하나 정해놓고 중간에 다른 학습으로 바꾸지 말자. 자리를 이동하는 등의 장소 변화도 제한한 상태에서 공부를 지속해야 한다. 매일 1시간 공부를 진행할수록 집중해서 학습 자료를 보는 시간이 늘어나는 변화를 체감할 것이다.

◎ **공부 시간 마련하기**

모든 여가 시간을 공부에 투자하는 것은 현실적으로 어렵지만 낭비하는 시간의 일부라도 학습 시간으로 전환해보자.

◎ **공부에 투자 가능한 시간은?**

40세 직장인이 60세까지 20년간 쓸 수 있는 최대 가용 시간은 3만 시간. 평균 하루 4시간 정도로 환산되지만 그 시간 모두를 공부에만 투자하는 것은 불가능하다. 현실적인 '하루 1시간' 공부로 시작하자.

◎ **1시간 단위가 왜 중요한가**

하루 1시간은 삶의 기본 단위이면서 배움을 실천하는 편리하고 유용한 기준점이다. 빌 게이츠, 워런 버핏, 오프라 윈프리 등 성공한 다수의 사람들은 아무리 바빠도 주중 최소 하루 1시간, 일주일에 5시간을 배움에 투자한다.

◎ 공부 습관 만들기

습관 만들기에는 최소 2~3개월이 걸린다. '신호 → 반복행동 → 보상'이라는 습관 형성의 3단계 과정을 적용해보고 자신에게 최적화된 신호와 보상을 정해 매일 1시간씩 최소한 두 달 정도 일정하게 공부해보자.

◎ 디지털 방해 요소 제거하기

공부 시작 전 미리 스마트폰의 알림을 무음으로 바꾸고, 알림과 연동되는 진동 기능까지 꺼놓는다. 인터넷 접속을 제한하는 프로그램을 이용해도 좋다.

◎ 1시간 온전히 소화하기

나를 위한 공부 시간으로 꽉 찬 1시간이 되도록 하자. 공부 초급자라면 공부 시간을 직관적으로 보여주는 타임타이머를 활용해보자. 타인의 간섭이 없는 공부 장소를 마련해 나만의 공부 환경을 조성하자.

2장

**15분부터 시작해
공부 시간을
늘려보자**

1

집중 왕초보:
15분 학습 후 5분 정리

공부를 막 시작한 왕초보 학습자라면 일단 온전히 1시간 동안 공부하는 행동에 익숙해져야 한다. 처음에는 한눈팔지 않고 앉아 있는 것을 목표로 하자. 이를 위해서는 의도적으로 공부의 난이도를 낮춰야 한다. 공부하기 수월한 학습 자료나 평소에 읽고 싶었던 책을 선택해도 좋다. 방해를 받지 않는 공간에 자리를 잡았다면 타이머나 스톱워치, 시계 등을 이용해 공부 시간을 체크하면서 진행한다. 공부하면서 외부의 방해를 받거나 집중이 어려워 멈추었다면 그 시간을 적어둔다. 중간에 계속 멈추어도 해당 시간을 기록하면서 학습 시간 60분에 도달하기까지 진행한다.

학습이 끝난 후 몇 번이나 중간에 멈추었는지 살펴보자. 대부분의 왕초보 학습자는 1시간 동안 공부를 중단한 횟수가 생각보다 많을 것이다. 왜 중간에 멈추었는지 그 이유를 살펴보자. 만약 공부를 시작하기 전에 스마트폰을 비롯한 디지털 기기를 치웠다면 외적인 방해 요소보다는 내적인 원인으로 중단된 횟수가 많을 것이다.

10분이나 15분마다 중단했다고 자책할 필요는 없다. 원래 15분 이상 높은 집중력을 유지하기 어렵고 강도를 낮추더라도 1시간 내내 집중하기는 누구에게나 쉽지 않은 일이다. 아직 공부 습관이 형성되지 않아서, 공부 방법 자체가 익숙하지 않아서, 공부할 자료에 제대로 몰입하지 못해서이기도 하다.

20분 단위로 세 번 반복하기

아주 재미있는 만화책, 영화, 게임이 아니라면 연속으로 1시간 동안 같은 자료를 집중해서 공부하기는 쉽지 않다. 그럴 때는 공부 시간을 잘게 쪼개보자. 예를 들어 15분 공부하고 5분간 학습한 내용을 복습 및 정리하면서 쉬어가는 시간을 갖는다. 이렇게 하면 60분을 20분 단위로 세 번 반복해서 채운다.

그다음은 쉬는 시간 5분을 잘 관리하자. 한 가지 팁은 15분간 입력 위주로 공부를 했다면 5분 동안은 공부한 내용을 자기 것으로 만드는 작업을 하는 것이다. 15분간 집중해서 학습 자료를 읽었다면 5분간 백지에 자신이 방금 읽은 자료의 핵심 내용을 키워드로 정리

〈독해 공부 1시간 학습 예시: 15분 학습+5분 정리〉

시간	학습 내용	소요시간	완료 시 ∨ 체크
0~15분	독해 자료 읽기	15분	
15~20분	휴식	5분	
20~35분	독해 자료 읽기	15분	
35~40분	휴식	5분	
40~55분	셀프 퀴즈	15분	
55~60분	정리 및 복습	5분	

하거나 마인드맵을 그린다. 혹은 읽은 자료를 덮은 후에 머릿속으로 내용을 떠올려 요약해본다. 공부한 내용(인풋)을 상기(아웃풋)하거나 자신이 이미 알고 있는 지식이나 경험과 연결하려는 노력이 들어가면 지루함도 덜 수 있고 전체적인 공부의 효율도 높아진다.

'15분 학습 후 5분 정리'가 익숙해지면 15분이 너무 짧게 느껴지거나 연속성이 끊어진다고 생각될 때가 있다. 이때는 20분 혹은 25분, 30분으로 좀 더 시간을 늘려서 운용해도 좋다. 물론 10분 학습하고 5분 정리하는 식으로 더 짧게 시간을 운용할 수도 있지만 당장은 학습 호흡을 늘리는 쪽에 집중하자. 60분이라는 학습 시간 내내 자리에서 일어나지 않으려고 의식적으로 노력해야 한다. 스마트폰을 보는 등 공부와 상관없는 행동은 최소화하자.

1시간 동안 외국어 공부를 한다면

한 예로 외국어 공부를 하려는 분들께 다음과 같은 방법을 추천한다. 영문 기사로 독해 공부를 한다고 하자. 먼저 오프라인이나 온라인에서 길지 않은 영문 기사 하나를 골라서 준비한다.

〈영문 기사 1시간 학습 예시: 20분 단위로 세 번 반복〉

시간	학습 내용	소요시간	완료 시 ∨ 체크
0~15분	**기사 독해.** 모르는 단어 찾기. 해당 단어 옆에 뜻 적기.	15분(1세션)	
15~20분	새로 찾은 단어 공부. 해당 문장에서 어떻게 사용되는지 검토.	5분	
20~35분	**기사 독해.** 모르는 단어 찾기. 해당 단어 옆에 뜻 적기.	15분(2세션)	
35~40분	새로 찾은 단어 공부. 해당 문장에서 어떻게 사용되는지 검토.	5분	
40~55분	**소리 내어 기사 읽기.** 15분간 반복.	15분(3세션)	
55~60분	중요한 단어, 문장을 형광펜으로 표시하고 암기.	5분	

1, 2세션이 기사 독해, 3세션이 소리 내어 기사 읽기로 구성된 60분 사용의 예이다. 세션의 내용은 본인의 취향과 목적에 따라서 다양하게 변환해서 사용할 수 있다. 학습을 진행할수록 지루해질 수 있는데, 이때는 적절한 호흡을 유지하도록 학습 내용과 방법을 효과적으로 조합하는 것이 중요하다.

2

집중 초급:
포모도로 시간 관리법

포모도로 기법(Pomodoro Technique)은 1980년대 후반 프란체스코 시릴로(Francesco Cirillo)가 창안한 시간 관리법이다. '포모도로'는 이탈리아어로 토마토를 뜻하는데, 시릴로가 토마토 모양의 주방 타이머를 사용한 것에서 유래한다. 타이머를 맞춰 25분간 집중해서 일이나 공부를 하고 5분간 휴식을 하는 사이클을 반복하는 것이 핵심이다. 포모도로 기법은 30분 단위로 이루어지므로 이 사이클을 두 번 수행하면 딱 1시간이 소요된다. 따라서 하루 1시간 공부를 하려는 학습자가 가장 쉽게 직관적으로 이용할 수 있는 시간 관리법이다.

25분이라는 적당한 집중 시간과 짧은 휴식 시간을 연속해서 배치하면 꽤 큰 프로젝트나 분량이 많은 학습도 높은 생산성을 유지하면서 완료할 수 있다. 이 때문에 포모도로 기법은 사용자층이 넓어 모바일 앱으로도 개발되어 있으며 타이머 상품도 다양하게 나와 있다.

25분 학습+5분 휴식 사이클

포모도로 기법으로 공부하기 6단계

(준비 작업: 타이머를 준비한다. 주방 타이머나 모바일 앱, 혹은 PC 프로그램을 사용하자.)

- 1단계: 학습 자료를 선택하고 학습 내역을 기록할 종이를 준비한다.
- 2단계: 타이머를 25분으로 맞춘다.
- 3단계: 알람이 울릴 때까지 공부한다.
- 4단계: 알람이 울리면 학습 내역 기록지에 완료 표시를 한다.
- 5단계: 5분간 휴식을 취한다.
- 6단계: 두 번 정도 반복(총 1시간의 학습) 후 휴식을 취한다.

처음에 포모도로 기법을 사용해서 공부할 때 25분간 본인의 학습량이 어느 정도인지 확인하는 작업이 필요하다. 학습 자료의 종류와 난이도에 따라 다양한 결과가 나올 수 있는데, 여기서는 두 번의 포모도로를 수행해 1시간 동안 진행한 학습량을 확인하자. 포모도로 사이클을 몇 번 수행해서 기록이 쌓이면 좀 더 정확하게 시간을

〈철학 공부 1시간 학습 예시: 25분 학습+5분 정리〉

시간	학습 내용	소요시간	완료 시 ∨ 체크
0~25분	철학 서적 읽기. 주요 문장과 키워드 표시	25분	
25~30분	휴식	5분	
30~55분	철학 서적 읽기. 주요 문장과 키워드 표시	25분	
55~60분	정리	5분	

배분할 수 있고 1시간을 넘어선 하루나 주간 단위의 학습 계획을 세울 수도 있다. 만약 300페이지의 철학 서적을 공부한다고 가정해보자. 25분에 약 5페이지를 학습한다면 60회의 포모도로를 진행할 수 있다. 60회의 학습 내역 기록지를 만들어 활용하면 체계적인 진도 관리가 가능하다.

방해 요소는 25분 뒤에 처리

포모도로 기법에 따르면 방해 요소가 생기더라도 멈추지 않고 진행해야 한다. 아주 긴급한 상황이 아니면 대다수의 방해 요소는 25분 후에 처리할 수 있으니 재빨리 메모만 해두고 학습으로 넘어가자.

만약 학습을 중단하고 급한 일을 처리해야 한다면 학습 기록에 완료 표시를 하지 않는다. 이후 다시 시작할 때에는 중단되었던 부분에서 시작하지 않고 새로운 포모도로 사이클로 시작한다.

포모도로 기법을 제안한 시릴로는 방해 요소를 학습 시간 이후에 처리하기 위한 4가지 전략을 제시했다.

포모도로 시행 시 방해 요소를 처리하는 4가지 전략

- 다른 사람들에게 지금은 집중해서 학습 중이라고 미리 알린다.
- 해결해야 할 문제가 생기면 이후 신속하게 대응할 시간을 미리 협의한다.
- 혹은 대응할 시간을 즉석에서 정한다.
- 포모도로 사이클이 완료되는 즉시 연락을 취해 문제를 해결한다.

방해 요소에 대한 대응도 중요하지만 5분의 휴식이 끝나고 새로운 포모도로 사이클이 시작된 직후의 시간을 어떻게 사용하는가도 중요하다. 사이클 시작 후 처음 몇 분은 조금 전 사이클에서 어떤 학습을 했는지 빠르게 살펴보고(학습 진도 리뷰) 지금 해야 할 학습의 내용이나 분량을 확인하면 효율을 높일 수 있다. 타이머를 활용해 지속적으로 학습 활동을 기록하자. 미루기를 방지하고 마감 효과를 가져오는 장점이 있다.

포모도로는 적용 즉시 바로 효과를 볼 수 있다. 하지만 일정 수준 이상으로 체화되기 위해서는 상당한 시간과 노력이 투입되어야 한다. 다음은 포모도로 공식 사이트의 안내 글이다.

"(포모도로 기법을 사용할 경우) 하루나 이틀 안에 업무나 학습에서 변화를 느끼기 시작할 것이다. 포모도로 기법을 완전하게 숙지하기 위해서는 일주일에서 20일 정도의 지속적인 사용이 필요하다."

매일 1시간 공부를 하는 경우, 처음에는 10분이나 15분 단위로 공부를 해서 조금씩 적응을 하다가 25분 동안 공부해도 무리가 없다면 본격적으로 포모도로 기법을 활용하자. 모든 종류의 학습을 포모도로 기법을 사용해서 하기보다 25분 단위로 해도 어느 정도 학습 성과가 나오는 과목에 적용해보자.

3

집중 중급:
학교 수업 방식

지금과 달리 예전에는 대학교에서도 수업 단위가 1시간이었다. 1시간 단위라고 해도 매시 정각에 시작해서 50분에 수업을 종료하고 쉬는 시간 10분을 가지는 방식이었다. 쉬는 시간에는 주로 자판기 커피를 뽑아서 마셨다. 졸음 방지와 기분 전환이 절실했고 10분의 휴식은 항상 아쉬웠다.

필자는 대부분의 대학교 수업을 1시간 단위로 들었다. 예를 들어 월, 수, 금 11~12시 등으로 과목별 시간표가 미리 정해져 있어서 수강신청을 어떻게 하더라도 등교하는 요일을 줄이기 어려웠다. 당시에는 이런 수업 패턴이 너무나도 자연스러워서 왜 이런 단위로 시간과 요일을 나눠서 공부를 할까에 대한 의문조차 가지지 않았는

데, 지금 생각해보면 꽤 괜찮은 방법이었다.

주당 3시간 수업이 사흘에 걸쳐 배치되어 한 번에 1시간 단위로 진행되면 시간이 너무 짧지도 길지도 않아 집중력을 유지하기 좋았다. 게다가 하루에 3시간을 몰아서 수업을 하기보다는 하루건너 하다 보니 자연스럽게 중간에 예습, 복습, 과제를 할 시간이 생겼다. 인간의 기억 패턴을 고려하면 하루 연속 3시간 공부하고 나머지 6일간 교재를 거들떠보지 않는 것보다 하루 1시간씩 일주일에 최소 사흘은 공부하는 것이 학습에 훨씬 효과적이다.

50분 학습+10분 휴식 사이클

이미 작은 단위로 1시간을 채우고 있다면 그 단위를 50분까지 늘려보자. 최근의 대학 강의는 연강이 많아서 50분이 아니라 1시간 이상 진행하고 쉬는 경우도 종종 있기 때문에 50분이 한계점이라고 보기는 어렵다. 대신 50분을 연속으로 집중해서 공부해도 정신적으로 심한 피로감을 느끼거나 효율이 극단적으로 떨어지지 않게 연습하는 방법밖에 없다. 습관으로 만들어 힘들다고 느껴지지 않는 수준을 목표로 하자. 이 수준에 도달하면 50분 연속으로 공부하고 10분 쉬는 방식이 당연하다고 느껴진다.

여담이지만 필자가 다닌 대학에서는 매시 정각과 50분에 수업의 시작과 종료를 알리는 종이 울렸다. 새내기로 입학하고 하루 종일이 종소리를 들었기 때문에 50분 수업하고 10분간 휴식을 취하는데 몸이 조건반사적으로 반응했다. 1시간 단위의 수업과 종소리 알림은 학생 모두에게 너무나도 당연한 생활의 일부였다. (대학 입학 직후 과 동기 몇 명과 단체 미팅을 나가서 '종'을 치는 대학교가 없다는 충격적인 사실을 알게 되었다.) 아마 50분 단위 학습이 몸에 밴 것은 이때의 경험 때문일지도 모른다.

아무리 하루 1시간 공부가 좋다고 해도 몸과 마음이 '적응'하는 기간이 필요하다. 이는 저절로 되지 않고 시행착오가 쌓여야 한다. 처음부터 완벽하게 50분을 잘 지켜서 공부할 수 있다면 좋겠지만 학교 수업처럼 강제성이 없는 사회인의 개인적인 공부는 방해 요소에 쉽게 흐트러진다.

〈독서 1시간 예시, 초급: 50분 학습+10분 정리〉

시간	학습 내용	소요시간	완료 시 ∨ 표시
0~50분	중간 난이도의 논픽션 읽기	50분	
50~60분	휴식 및 정리	10분	

(처음 50분 연속 공부를 시작할 때는 난이도가 높지 않은 자료를 가지고 읽기 중심으로 공부하자.)

〈독서 1시간 예시, 중급: 50분 학습+10분 정리〉

시간	학습 내용	소요시간	완료 시 ∨ 표시
0~50분	중상 난이도의 논픽션 읽기, 주요 내용 표시 및 핵심 문장 필사	50분	
50~60분	휴식 및 정리	10분	

(50분 연속 공부가 익숙해지면 조금씩 학습 자료의 난이도를 올리거나 수동적인 읽기 비중을 줄이자. 능동적으로 핵심 어구를 표시하고 노트에 문장을 필사 혹은 요약해보자.)

중간에 멈춰도 좋다

하루 1시간 공부를 시도할 때 완벽주의를 버리자. 중간에 멈추고 싶은 욕구가 너무 강해지면 차라리 공부를 중단하고 주변 산책이라도 다녀오자. 커피숍에 가서 커피를 한잔하고 싶다거나 스마트폰으로 귀여운 고양이 영상이 보고 싶다면 마음껏 욕구를 충족시키자. 그리고 마음의 여유가 회복되면 다시 공부를 시도하자.

타이머를 사용해 1시간 단위로 공부하는 것이 좋지만 장소와 시간에 따라 타이머 사용이 불가능할 수도 있다. 그러면 그냥 시계를 보고 시작 시각을 기록하고 공부한다. 어느 정도 공부하면 시간의 흐름이 느껴지는데 대략 1시간에 근접했다고 생각되면 다시 시간을 확인하고 남은 시간에 맞춰 진행하면 된다.

외적인 강제성이 적다면 스스로 부여하는 방법을 찾아보자. 필자가 즐겨 듣는 영어권 팟캐스트를 보면 30분이나 50분 분량의 콘텐츠가 많다. 이동이 많은 일을 한다거나 능동적인 암기나 아웃풋 중심의 학습이 물리적으로 어려운 경우에는 30분짜리 팟캐스트 2개를 듣거나 50분 분량의 뉴스 영상이나 팟캐스트를 들어도 좋다.

공부를 다시 시작하는 데는 할 수 있다는 자신감과 중간에 문제가 생겨도 괜찮다는 긍정적인 태도가 필요하다. 1시간 미만이라고 해도 소중한 자유 시간을 활용해서 공부하겠다는 마음 자체가 이미 자신이 성장하고 있다는 증거이기 때문이다.

4

자투리 시간에는
한 가지에만 집중하자

자투리 시간은 어떻게 활용하느냐에 따라 상당히 큰 학습 효과를 가져오기도 한다. 남들은 아무런 의식 없이 버리는 시간의 조각을 조금씩 모으다 보면 어느 순간 생각지도 못한 큰 성과가 만들어지기 때문이다.

일단 필자는 자투리 시간 관리에 민감하다. 기자라는 직업 특성상 일반 직장인보다 시간에 쫓기는 경우가 많고 대학원 공부를 병행하면서는 절대적으로 자유 시간이 부족하다. 그래서 화장실을 가도 이어폰을 챙겨 팟캐스트를 듣거나 엘리베이터를 탈 때도 외국어 단어장 앱을 무의식적으로 켜서 본다. 지하철에서는 전자책 단말기를 가지고 책을 읽거나 스마트폰으로 동영상을 챙겨본다. 약간이라도 시간이 나면 뭔가 듣거나 보는 습관이 생겼다.

물론 자투리 시간을 마음의 여유를 위한 시간으로 보내도 나쁘지 않다. 비즈니스 미팅 전에 마음을 가라앉히기 위해 유리창 너머 풍경을 응시하는 것처럼 말이다.

자투리 시간은 많고도 많다

모든 사람이 1분 1초를 아껴가며 자투리 시간 활용에 목숨을 걸 필요는 없다. 하지만 공부를 본격적으로 하려는 학습자라면 최소한 자신의 조각 시간을 점검해보고 적절한 활용 방법을 모색해야 한다. 예를 들어 평범한 직장인이라면 모든 업무를 하루 종일 칼같이 맞춰서 하지 않기 때문에 잠깐씩 여유가 생긴다. 보고서를 쓰다가 잠시 동료와 커피를 마신다거나 회의 전 5분쯤 남는다거나 하는 식이다. 이렇게 작은 단위로 만들어지는 시간의 조각은 개별 단위로 보면 의미가 크지 않다.

하지만 절대적으로 시간이 부족한 학습자라면 잘게 쪼개진 시간이라도 활용할 수밖에 없다. 가장 좋은 상황은 방해 요소가 없는 조용한 장소에서 1시간 연속으로 집중해서 공부하는 것이지만 하루 종일 바쁘게 일하고 퇴근도 늦은 직장인이라면 다른 방식으로 시간을 확보해야 한다. 5분, 10분, 20분 등으로 주어지는 여유 시간이라도 적극적으로 활용해보자.

무엇을 공부할지 미리 정해둘 것

자투리 시간이 생긴다면 무엇을 공부할지 미리 정해두고 되도록 지키려고 노력하자. 필자의 경우 5분이나 10분의 자투리 시간에는 스마트폰으로 영어 기사를 읽거나 외국어 단어를 암기하고, 20분 정도의 자투리 시간에는 비슷한 시간의 팟캐스트를 듣거나 뉴스 영상을 보거나 책을 읽는다. 출근길 지하철에서는 집중력이 상대적으로 높으니 책을 읽기에 좋다. 퇴근길 지하철에서는 EBS 라디오 어학 강좌를 듣거나 아침에 읽던 책을 이어서 읽기도 한다. 이렇게 출퇴근 이동 시간을 포함한 자투리 시간에 미리 정해놓은 행동을 실행하면 학습 효율을 높이고 진도를 수월하게 유지할 수 있다.

주어지는 시간에 따라 가장 중점을 두는 공부를 하나 정해서 그것만 집중해서 계속해도 좋다. 하루 중 자투리 시간이 날 때마다 하나의 참고서만 보면 집중도가 높아지고 진도가 빨리 나간다. 보너스로 성취감도 느낄 수 있다. 대신 이 방법을 실행하기 위해서는 이동하면서도 학습 자료에 편하게 접근할 수 있어야 한다. 자투리 시간에 두꺼운 학습서를 매번 들고 다니면서 보기란 쉽지 않다. 애초에 전자책으로 된 버전을 구하거나 만약 종이책이라면 공부할 분량을 스캔해서 스마트폰이나 태블릿 컴퓨터로 볼 수 있도록 미리 준비해두자.

자투리 시간에는 입력 위주의 학습을

고등학교 때 10분씩 주어지는 쉬는 시간마다 영어 단어만 외워서 효과를 본 경험이 있다. 무슨 과목을 공부하든 상관없이 10분 휴식 시간에는 화장실 다녀오는 것을 제외하면 계속 영어 단어를 암기했다. 이렇게 외우는 영어 단어의 양이 상당했다. 1시간 단위로 단어를 복습하는 효과도 있고 지루하지도 않아서 계속할 수 있었다. 대표적인 자투리 시간인 쉬는 시간에 미리 해야 할 행동을 정해놓았고 짧은 시간에 적합한 단어 암기를 선택한 것이 주효했다.

　비교적 짧은 시간이 주어진다면 그 시간에 할 수 있는 자기만의 공부거리를 정해두자. 복잡한 사고가 필요한 수학 문제를 3분에 해결할 수는 없다. 필자의 경우 암기와 복습이 주가 되는 공부를 하거나 팟캐스트 청취처럼 장소에 구애받지 않고 쉽게 이용할 수 있는 입력 위주의 학습을 자투리 시간 전용 학습으로 하고 있다.

5

연관 공부는 엮고
주제 전환은 피하라

주의력이 한번 흩어지면 다시 집중력을 되찾는 데 시간이 걸린다. 미국 캘리포니아 대학교 정보과학과 글로리아 마크(Gloria J. Mark) 교수는 지식 노동자의 업무를 초 단위까지 세세하게 분석했다. 그는 업무를 중단시키는 모든 활동이 나쁘지는 않지만(업무와 직접적인 관련이 있는 전화를 받거나 짧은 대화를 나누는 것은 오히려 업무에 도움을 준다) 일반적으로 업무 도중 방해를 받아서 일이 중단되면 다시 집중하는 데 평균 23분 15초가 걸린다고 주장한다.

잦은 주제 전환은 스트레스의 원인

특히 지금 하는 공부와 관련성이 전혀 없는 활동을 공부 도중에 하지 않도록 하자. 업무나 활동 중에 주제가 완전히 다른 일을 하면 개인이 가진 주의력 등 한정된 인지 자원(cognitive resources)을 많이 소비하게 된다. 이런 사고의 전면적인 전환은 상당한 양의 정신 에너지와 시간을 필요로 한다. 예를 들어 수학 문제를 풀다가 도중에 갑자기 모바일 게임에 몰입하면 다시 수학 문제에 집중하는 데 시간과 노력을 꽤 들여야 한다.

이런 주제 전환이 주는 스트레스는 동료 기자들의 경우를 봐서도 익히 알고 있다. 영어 기사를 작성할 때 하루에 700단어 분량의 기사 한 개를 쓰라는 것과 200단어 단신 기사 두 개와 300단어 분량의 기사 한 개, 총 세 개의 기사를 쓰라는 것은 어떤 차이가 있을까? 단어 개수는 같지만 짧은 기사라도 세 개를 쓸 때 훨씬 더 많은 에너지가 소요된다. 특히 기사의 주제가 모두 다를 경우 기자는 각각의 관련 조사를 따로 해야 하고 기사를 작성할 때 집중력도 분산되어 전체적으로 스트레스를 많이 받는다. 그래서 기자들은 단신 여러 개보다 차라리 어느 정도 분량이 있는 하나의 기사를 배정받으려 한다. 이렇듯 업무의 전환 빈도가 높을수록, 전환되는 주제가 상이할수록 집중력은 떨어진다.

관련성 높은 공부는 엮자

이 원리를 응용해보자. 우선 정해진 1시간 동안 공부할 때 공부 주제나 자료, 방법을 자주 바꾸지 않도록 한다. 예를 들어 1시간 동안 10분 단위로 영어 단어 암기, 과학책 읽기, 일본어 청취, 한문 공부, 생물학 논문 읽기, 신문 사설 필사를 하겠다고 계획한다면 1시간에 자그마치 6가지의 주제와 방법을 바꾸는 셈이다. 당연히 집중력은 떨어진다.

반대로 관련성이 높거나 비슷한 분야의 공부를 함께 엮는 것은 나쁘지 않다. 예를 들어 영어 기사를 읽고 단어 정리를 20분간 한 뒤에 그 기사의 관련 주제를 다룬 팟캐스트 방송을 20분간 들으며 주요 문장을 따라 읽어본다. 나머지 20분은 지금까지 읽고 들었던 표현을 활용해서 같은 주제로 영작을 해보는 것이다. 공부 도중 두 번의 전환이 있었지만 같은 주제이고 서로 긍정적인 상호작용을 해주어 오히려 지루함을 더는 효과를 기대할 수 있다.

집중력과 주목의 중요성은 정보시대가 가속화되면서 더욱 커지고 있다. 일찍이 1978년 노벨 경제학상 수상자인 허버트 사이먼(Herbert Simon)은 정보는 수신자의 주의력을 먹어 치울 수 있다며 정보과잉 시대를 경고했다. 그는 1971년에 쓴 글에서 "정보의 풍요는 주목의 빈곤을 야기한다(A wealth of information creates a poverty of attention)"고 주장하며 '주목의 희소성'을 지적했다. 그의 말대로 정보는 인터넷에서 막대한 규모로 생산되고 공유되면서 넘쳐나고 있다. 이런 시대에 가장 중요한 희소 자원은 스마트폰이나 컴퓨터를 사용하는 사람들의 주목임이 틀림없다. 스마트폰에서 온갖 주목을 가져가려는 콘텐츠와 수많은 디지털 방해 요소가 미세먼지처럼 끝없이 뿜어져 나오는 시대에 집중해서 공부하려는 학습자들이 새겨들어야 할 좋은 메시지가 아닐까?

마감 시간 효과
활용하기

학창 시절, 과제 마감일이나 학기말 시험 날짜가 다가오면 긴장도
가 높아지고 동시에 효율이 극적으로 올라간 경험이 있을 것이다.
왜 마감일이 정해지면 없던 집중력도 생기고 애매해 보이던 과제
주제도 명확하게 보일까?

　마감 시간은 일의 우선순위를 극명하게 보여주는 효과가 있다.
하루에 선택할 수 있는 행동의 가짓수는 무수히 많다. 만약 여기에
마감 시간이 부여되면 할 수 있는 행동의 가짓수가 확 줄어든다.

우선순위를 정해주는 마감 시간

1,000단어 분량의 영어 에세이를 써야 하는데 마감 시간이 약 스무 시간 남았다. 어떤 선택 가능한 행동이 있을까? 게으름을 부리고 싶다면 잠을 자거나 보고 싶은 드라마를 보면서 시간을 허비할 수도 있고, 조금 부지런하다면 30분 쓰다가 30분 쉬다가 하는 방법도 있다. 하지만 마감 시간이 2시간밖에 남지 않았다면 할 수 있는 행동은 딱 하나다. 바로 필사적으로 에세이를 쓰는 것이다. 마감이 닥치면 최우선 순위의 행동만 가능하다.

필자는 신문 기자로 20년 이상 시간에 쫓기며 기사를 써왔다. 그래서 경험을 통해 이런 마감 시간이 주는 엄청난 생산성 증대 효과를 누구보다 잘 알고 있다. 회사에서 "본인 사망 이유 말고는 무조건 지켜야 하는 마감"이라고 농담처럼 말하기도 하지만 실제로 마감이 주는 압박감은 대단하다. 특히 마감 한 시간 전부터는 남아 있는 물리적인 시간이 얼마 없다는 긴박감으로 집중력이 급격히 향상해 주변의 다른 것들이 전혀 보이지 않을 정도가 된다. 친한 친구에게서 전화가 와도 기사를 마감하는 중이면 받지 않는다. 마감 시간을 영어로 '데드라인(deadline)'이라고 하는데 목에 칼이 들어와도 지켜야 하는 마감 시간은 긴장감을 극도로 고조시켜 기사를 아슬아슬하게 출고하고 나서도 한동안 멍하니 무력감을 느끼게 한다. 하지만 그 엄청난 스트레스와 함께 생산성 또한 극한에 이른다.

마감 시간 효과를 주는 1시간 공부

실제로 이 책을 쓰는 과정에서 1시간 마감 시간을 활용했고 그 효과를 확인했다. 그저 무작정 글을 쓰는 것이 아니라 1시간 뒤를 마감이라 정해놓고 남은 시간을 확인하면서 집중력을 높이고 다른 행동을 최대한 자제하려고 노력했다. 자료 조사는 자투리 시간을 활용하고, 1시간 단위로 온전히 글만 쓰는 것이다. 의도적으로 외부의 자극이나 방해를 제거한 상태에서 쓰면 집중력과 긴장감이 높아져 확실히 같은 시간이라도 더 많은 양의 글을 쓸 수 있었다.

마감 시간에는 날짜와 시간이 고정되어 변경이 불가능한 '하드 데드라인(hard deadline)'과 특정한 경우에 유동적으로 변경이 가능한 '소프트 데드라인(soft deadline)'이 있다. 자신이 직접 정하거나(self-imposed) 혹은 내가 아닌 외부의 누군가가 정하는(external) 경우로도 나뉜다. 1시간 공부는 기본적으로 본인이 직접 정하는, 그리고 어느 정도 변경이 가능한 소프트 데드라인의 성격을 가지고 있다. 하드 데드라인 정도로 높은 강도의 마감 효과를 기대하기는 어렵지만 아무 제한 없이 무작정 공부하는 것과는 질적으로 큰 차이가 있다. 남은 시간과 실제 공부한 양이 보이므로 효율이 급격하게 올라간다. 나의 소중한 공부 시간의 시작과 끝을 정하고 그 시간의 흐름을 의식하는 것만으로도 1시간 공부를 시작한 보람을 느낄 수 있다.

공부 시간과 주제를
기록해야 하는 이유

총 공부 시간에서 멍하니 딴생각을 하며 보낸 시간의 비중은 얼마나 될까? 훈련을 통해 고도의 집중력을 습득한 경우가 아니라면 일반적으로 1시간 공부를 한다고 해도 실제로 온전히 집중한 시간은 그리 길지 않을 수 있다. 어떻게 하면 공부 시간을 좀 더 알차게 채울 수 있을까?

공부 기록 남기기

일단 공부 시간을 구체적으로 볼 수 있게 기록하자. 본인의 일정을 담은 수첩이나 스마트폰의 캘린더 앱에 언제 어떤 공부를 얼마나 했는지 기록하는 것이 우선이다. 학생이라면 수업 시간표가 공부 기록이나 마찬가지다. 공부 기록을 남기는 것은 생산성을 높이고 시간을 관리하기 위해 반드시 필요하다. 공부뿐만 아니라 다른 활동도 기록하면 좋겠지만 현실적으로 실천이 어려우니 공부 시간만이라도 잘 기록해보자. 공부 시간을 기록하는 요령은 다음과 같다.

공부 시간 기록 방법

- 시작 시간과 종료 시간을 적는다.
- 무슨 공부를 했는지 자세히 기록한다.

예) 20:30~21:30 영어 독해 자료 2페이지 공부 및 단어 20개 정리

수첩이나 스마트폰 캘린더 앱에 공부 기록을 남긴다. 무슨 공부를 했는지 자세히 남기면 본인의 공부 진도를 파악할 수 있고, 공부 시간을 좀 더 효율적으로 관리할 수 있다. 예를 들어 영어 회화를 공부하려고 비싼 돈을 들여 인터넷 강의를 신청했는데 공부 기록을 보니 실제 수강 시간이 거의 없다면 뭔가 잘못하고 있는 것이다. 또 자기가 공부한 시간에 대해서는 실제보다 더 많이 했다고 착각하는 경우가 많은데 공부 시간을 기록하면 이런 편향성이 극명하게 드러난다.

아주 짧은 학습 시간을 매번 기록할 필요는 없고 1시간 단위로 공부한 기록을 적어가자. 공부한 후에 바로 기록해도 좋지만 본인

의 일정 중 1시간을 미리 배정해두는 습관을 만드는 것이 낫다. 마치 약속 시간을 기록하듯이 공부 시간을 정해놓고 회사 업무나 학교 과제를 서둘러 처리하려고 노력하면 마감 시간 효과가 작동해서 효율이 높아진다. 이렇게 누적된 기록은 공부 성취도를 그대로 보여주고 동시에 강력한 동기 부여도 된다. 단, 공부 시간은 때에 따라 수정할 수 있으니 너무 스트레스를 받지 않는 차원에서 기록해보자.

기록으로 공부 패턴 파악하기

요즘 유행하는 '다꾸(다이어리 꾸미기)'를 이용하는 것은 어떨까. 다이어리(플래너)에 공부한 내용을 기록하면서 스티커나 스탬프 등을 활용해 이쁘고 다양하게 꾸미는 것이다. 공부 내용을 재미있게 기록하다 보면 자연스럽게 더 열심히 공부해야겠다는 동기 부여가 된다. 일단 아날로그 방식이든 디지털 방식이든 꾸준히 공부 기록을 쌓으면 그 이후에는 공부에 탄력이 붙는다. 특히 자신이 언제 공부를 하는지, 어떤 패턴이 있는지도 기록을 통해 알 수 있다. 평소 주중 저녁 시간에 공부하겠다고 계획했지만 실제 기록을 보니 점심 시간이나 자투리 시간에 주로 공부했다면 추후에 계획을 세울 때 참고할 수 있다.

단순히 공부 시간과 내용을 기록만 해도 시간 관리는 물론 진도를 알맞게 조정하는 등 다양한 장점을 누릴 수 있다. 학습 내용 기록은 단순한 작업이지만 일정한 기간 꾸준히 하면 투자 대비해 압도적인 효과가 있는 알짜배기 공부 기술이다.

◎ **15분 학습+5분 정리 사이클**

공부 왕초보라면 1시간 학습을 유지하는 훈련을 반복하자. 쉬운 내용으로 15분 공부하고 5분간 학습한 내용을 복습하고 정리하면서 쉬어가자. 이렇게 하면 20분 단위로 3번 반복해서 1시간을 채울 수 있다.

◎ **25분 학습+5분 정리 사이클**

공부 초급자에게는 포모도로 기법을 추천한다. 포모도로 기법은 '25분 집중 학습 후 5분 정리'를 하나의 사이클로 연결해 집중력과 생산성을 높이는 시간 관리법이다. 포모도로를 두 번 수행하면 1시간 공부를 하는 셈이다.

◎ **50분 학습+10분 정리 사이클**

15분, 25분 단위로 공부하는 것이 어느 정도 익숙해졌다면 공부 중급자이니 이제 50분 혹은 60분을 목표로 공부해보자. 1시간짜리 팟캐스트 듣기 등 외적인 강제성을 부여하거나 캘린더 앱 등을 활용해서 시각적인 성취도를 확인하자.

◎ **자투리 시간 활용하기**

짧은 시간에 적당한 암기와 복습, 혹은 팟캐스트 청취 등 입력 위주의 공부를 추천한다.

◎ **연관되는 공부는 엮고 주제 전환은 피한다**

정해진 1시간 동안 공부할 때 공부 주제를 자주 전환하면 집중력이 떨어진다. 반면 관련되거나 비슷한 분야의 공부는 함께 엮으면 지루함을 더는 효과가 있다.

◎ **마감 시간 효과 활용하기**

무작정 아무 제한 없이 공부하는 것보다 1시간 단위로 마감 시간을 정해놓고 의식적으로 다른 행동을 하지 않도록 노력해보자. 공부 효과에 질적인 차이를 가져올 것이다.

◎ **공부 시간 기록하기**

공부 시간을 기록하면 공부 습관이 보인다. 주기적으로 공부 시간을 기록해 살펴보면 자신에게 적합한 학습 시간을 찾아 관리할 수 있다.

3장

묻지도
따지지도 말고
'아웃풋'하자

쉽게 배운 내용은
쉽게 잊힌다

살을 빼는 비결이 뭘까? 적게 먹고 운동하면 된다.

공부를 잘하는 비결이 뭘까? 시간과 '노오력'을 투자하면 된다.

건강과 공부에 관한 절대 해법이다. 모두 알고 있지만 각론에서 의견이 갈린다. 결정적으로는 꾸준하게 실천하는 사람이 드물다. 그렇다고 어쩔 수 없다고는 생각하지 말자. 원론은 알지만 구체적인 방법을 몰라서 실천하지 못하거나 잘못된 방법을 고수하고 있어서 효과가 없을 가능성이 더 크니까.

아웃풋에 무관심한 이유

공부의 성과는 노력과 시간에 비례해 올라간다. 여기서 '노력'은 아웃풋 중심의 학습을 의미하고 '시간'은 시간차를 두고 주기적으로 반복하는 것을 의미한다. 아무리 노력하고 시간을 투자해도 공부 성과가 기대에 못 미친다면 지금 인풋 중심의 학습을 하고 있거나 주기적인 복습을 제대로 하지 않아서일 것이다.

공부 성과 = 노력(아웃풋 중심 학습) × 시간(주기적 반복)

여기서 중요한 전제가 있다. 학습에서 인풋이 중요하지 않다는 것이 아니다. 인풋은 매우 중요하다. 공부할 때 우리는 대부분 어떤 행동을 하는가? 책을 읽거나 교과서에 밑줄을 치거나 인터넷 강의를 본다. 이런 학습 행동은 모두 인풋이다. 학습은 정보나 지식을 습득하는 과정이 중심을 이루는 경우가 대부분이고 이는 결국 인풋 중심의 행동을 기반으로 한다.

문제는 '학습=인풋'이라는 공식이 너무나 일반화되어 대부분의 학습자가 아웃풋에 무관심해지면서 수동적인 학습에서 벗어나지 못한다는 것이다. 인풋은 일단 아웃풋에 비해서 하기 쉬운 학습 행동이다. 책 읽기를 생각해보면 쉽게 알 수 있다. 책의 줄거리를 따라가면서 읽는 행동은 전형적인 인풋 중심의 학습으로 상대적으로 뇌에 부담을 적게 준다. 하지만 만약 내일 줄거리와 등장인물에 관런된 세부사항, 주요 상징에 대한 시험이 있다고 치자. 이럴 때는 능동적으로 시험에 나올 만한 사항을 찾아서 확인하며 읽어야 한다. 이것이 아웃풋 중심 학습이다.

아웃풋 학습이 중요하다고 해서 공부 시간에서 인풋 비중을 최소화하고 아웃풋 비중을 최대로 늘리라는 이야기가 아니다. 오랜 기간 관심 밖에 있던 아웃풋을 학습의 중심으로 가져오고, 한 걸음 더 나아가 아웃풋을 제대로 하기 위한 인풋, 즉 아웃풋을 위한 인풋을 하자는 것이 핵심이다.

기억과 학습의 관계

일단 학습이란 무엇인가에 대해 살펴보자. 학습의 필수 요소는 기억이다(Learning requires memory). 학습은 새로운 개념, 사실, 지식을 '기억'하는 것과 밀접한 관련이 있다. 새로운 개념을 배웠는데 기억하지 못한다면 배웠다고 말하기 어렵다. 하지만 '학습=기억'이라고 단순화시킬 수는 없다. 아직 정확히 어떤 방식과 작용으로 뇌에 새로운 정보가 입력되어 기존 지식과 연관되어 처리되는지, 얼마나 정확하게 해당 정보를 기억해내는 것이 학습의 완료라고 할 수 있는지에 대해서는 학자들 간에도 치열한 논의가 진행 중이다.

하지만 대체로 인풋보다 아웃풋이 뇌에 더 많은 부담을 주는 행동이라는 것에는 큰 이견이 없다. 수동적인 책 읽기보다 능동적으로 책의 주요 내용을 머릿속에서 떠올려 백지에 쓰는 행동에 더 많은 인지적 노력이 필요하다. 뇌과학에서는 이렇게 노력이 더 많이 투입되는 행동을 할수록 기억할 확률도 높다고 본다.

학습은 기억과 밀접한 관련이 있고 기억은 추가로 인지적 노력을 더 많이 했을 때 지속성이 유지되는 경향이 있다. 마치 어려운 수학 문제를 아주 힘들게 풀었을 때 오랫동안 그 과정이 기억에 남는 것과 같다. 반대로 쉽게 배운 내용은 쉽게 잊힌다.

2

신경세포를 자극하는
아웃풋 학습

힘들게 배운 내용이 오래 기억되는 경향은 뇌의 기본 작용과 연관이 있다. 우리의 뇌는 시각, 청각 정보를 비롯해 하루에도 엄청난 양의 정보를 처리하지만 이 중 아주 일부분만 기억에 남긴다. 뇌 신경세포들의 관심을 끌기가 쉽지 않다는 이야기다. 뇌의 주인이 신경세포들에게 '이거 진짜 중요한 정보야! 그래서 내가 물구나무까지 서서 정보를 입력하고 있으니 제발 기억해줘!' 정도로 말해야 그제야 좀 집중해서 봐준다.

평소 뇌에서 편하게 놀고 있는 신경세포들은 외부 자극이 없으면 기껏 힘들게 입력한 정보도 기억 저장소에서 매일 일정 분량을 꺼내 무한 흡인력을 가진 망각 쓰레기통에 버린다. 하루 1시간 공부는 이런 무신경한 신경세포들을 헬스장에 보내 운동을 시키는 것과 같다. 근육통을 유발할 정도로 강도 높은 훈련을 한 신경세포들은 기존 내용을 좀 더 잘 기억하고 오래 보존한다. 신경세포들에게 셀프 테스트를 시키거나 요약이나 암송을 시키면 이들이 보유한 지식 근육이 더 증가한다. 어렵게 기억해내거나 다시 해당 자료를 찾아서 '아하, 원래 이런 내용이었지!' 하는 순간 제대로 된 학습이 일어나고 해당 정보가 장기 기억으로 넘어갈 가능성도 커진다. 그러니 인풋 후에 아웃풋 없는 학습은 밥을 입에 넣은 후에 씹지 않고 그냥 삼키는 것과 같다고 할 수 있다.

두뇌의 기억 처리 과정

두뇌의 기억 처리 과정은 보통 아래 세 단계를 거친다.

기억 처리 과정 3단계

- 부호화(encoding): 새로운 정보를 '입력'하면 뇌의 해마를 통해 단기 기억으로 처리된다.
- 응고화(consolidation): 단기 기억에 있던 정보가 장기 기억으로 넘어가는 단계. 과학자들은 응고화를 위해서는 잠을 잘 자야 한다고 주장한다. (공부를 잘하기 위해서뿐만 아니라 직장 생활을 위해서도 하루 7~8시간은 숙면해야 한다.)
- 인출(retrieval): 원래 retrieval은 회수, 정보의 검색 등을 의미하는데 여기서

는 '기억된 내용을 다시 떠올리는 것'으로 보면 된다. 플래시카드를 사용해서 공부하거나 셀프 테스트나 퀴즈를 풀어보는 방법이 여기에 해당한다.

학습이 제대로 이루어지기 위해서는 첫 입력 단계에서 적절한 효과나 방법론을 적용할 필요가 있다. 선생님이 수업 시간에 특정한 내용을 학생들에게 가르쳐주는 것은 대부분 이런 입력 과정인데, 이때 부호화 방법이 특이하거나 재미있거나 비교나 대조가 극명할수록 기억에 오래 남는다. 예를 들어 소설 속에서 캐릭터가 돌진하는 장면을 설명하려고 선생님이 직접 교탁에서 교실 문으로 뛰어나가듯 극적인 행동을 취한다면 부호화에 특수성이 부여되고 학생들은 이 장면을 단순 입력이 아니라 차별화된 입력으로 인식해서 받아들인다.

입력뿐만 아니라 인출 과정에서도 학습 효과를 높일 수 있다. 수업 시간 중에 배운 내용을 수업이 끝날 무렵 간단한 퀴즈를 통해 점검하면 기억을 늘릴 수 있다. 이후 일주일 혹은 한 달 후에 같은 내용을 약간 변형해서 테스트해보면 학습 내용을 장기 기억으로 유도할 수 있다.

아웃풋이 오히려 인풋을 강화한다

퀴즈나 시험을 앞둔 상황에서는 입력한 내용을 셀프 테스트해보자.

셀프 테스트는 가장 일반적인 아웃풋 학습법이며 인풋으로 들어온 정보 중에서 자신이 제대로 이해하지 못했거나 암기하지 못한 부분을 찾아내는 확실한 방법이다. 처음부터 끝까지 자료를 반복적으로 공부하는 인풋 학습보다 이해가 부족한 부분을 찾아 집중해서 공부하는 전략이 시험에 유리하다. 인풋을 반복하기보다 셀프 테스트 등의 아웃풋 학습을 여러 번 하는 것이 학습 효과를 높이고 기억을 강화하는 데 도움이 된다.

이런 과정이 바로 아웃풋이 인풋을 강화하는 사례다. 아웃풋이 전제되는 순간 인풋의 결이 넓어지고 깊어진다. 아웃풋 과정은 학습 전체 시간에서 일부만 차지해도 큰 효과를 가지며 동시에 인풋 자체를 강화한다.

3

1시간 학습에서
인풋과 아웃풋의 적정 비율은?

하루 1시간을 정해놓고 공부할 때 아웃풋 중심의 학습을 얼마나 해야 할까? 정답은 '많으면 많을수록 좋다'이다. 그렇다고 1시간 내내 아웃풋만 해야 한다는 말은 아니다. 아웃풋 학습을 하기 어려운 여건에서는 자료를 읽거나 동영상을 보거나 오디오 파일을 듣는 인풋 학습이 적합하다. 이런 제약 상황이 아니라도 인풋 중심 학습에 익숙해진 학습자가 많아 대체로 아웃풋의 절대 비율이 매우 낮은 편이다. 그러니 온전히 1시간을 확보한다면 아웃풋 중심 학습을 늘려보자. 습관은 하루아침에 변하지 않으니 처음부터 아웃풋 학습을 대폭 늘리기보다 조금씩 비중을 조절할 것을 권한다.

50분 인풋, 10분 아웃풋

60분을 기준으로 처음에는 50분 정도를 인풋 학습에 배정하고 10분만 아웃풋 학습에 투자한다. 영어 독해 자료를 공부하거나 논문을 읽는다고 가정했을 때 모르는 단어를 찾거나 논문의 논점을 파악하면서 읽는 데 대부분의 시간을 할애한다. 나머지 10분 동안 공부한 내용을 요약 정리하거나 중요한 사항을 기억해서 떠올려보는 아웃풋 학습을 한다.

아직 아웃풋 중심의 학습이 익숙하지 않은 학습자는 1시간 학습을 유지하고 습관화하는 것이 더 중요하다. 1시간 학습이 익숙해지면 아웃풋의 비중을 늘려가자. 40분간 책을 읽었으면 나머지 20분은 책의 핵심 내용이나 기억에 남을 만한 사항을 노트에 정리하거나 마인드맵을 작성한다. 의외로 20분의 시간이 빨리 지나간다고 느낄 것이다. 40분간 집중해서 입력한 정보의 양이 대체로 많은 편이기 때문에 다시 내용을 정리하거나 핵심사항을 암기해서 떠올리려고 하면 시간이 꽤 걸린다. 1시간 학습에서 10~20분 정도의 아웃풋 활동을 해도 학습 효율이 크게 올라간다. 학습 내용을 자신의 힘으로 재조직하는 능동적인 사고 활동을 하면 기억에 오래 남기 때문이다.

〈영문 기사 1시간 학습 예시: 50분 인풋+10분 아웃풋〉

시간	학습 내용	소요시간	완료 시 ∨ 표시
0~50분	영문 기사 1~2개 독해 공부 (본인에게 조금 쉬운 수준으로)	50분	
50~60분	백지에 독해 자료 키워드 적기	10분	

(10분간 아웃풋을 할 때 초기에는 떠오르는 '키워드 적기'처럼 되도록 부담이 적은 방법이 좋다.)

〈영문 기사 1시간 학습 예시: 40분 인풋+20분 아웃풋〉

시간	학습 내용	소요시간	완료 시 ∨ 표시
0~40분	영문 기사 1개 독해 (본인에게 약간 어려운 수준으로)	40분	
40~60분	기사 내용 마인드맵 형식으로 정리 주요 표현 정리 및 셀프 테스트	20분	

(아웃풋 학습은 기억을 자극하는 능동적 방식이 효과적이다. 본인이 직접 핵심 내용을 정리하는 마인드맵도 좋고 표현을 정리해서 스스로 테스트하는 방법도 추천한다.)

아웃풋은 많으면 많을수록 좋다

아웃풋은 10분으로 출발해 조금씩 늘려가자. 15분이 돼도 좋고, 17분이 돼도 좋다. 아웃풋을 해야 실력이 좋아진다는 점을 본인이 인지하고 경험하자. 아웃풋 학습은 공부한 내용을 얼마나 알고 있는지 스스로 측정할 수 있는 장점이 있다. 공부할 때는 대부분의 내용을 이해했다고 생각하지만 막상 방금 읽은 부분에서 기억나는 내용을 쓰려고 하면 갑자기 머릿속이 백지가 된 경험이 있을 테다.

인풋 과정에서 크게 주목했거나 저절로 각인될 만큼 특별한 내용이 아니면 단기 기억에도 잘 남지 않는다. 아웃풋을 조금이라도 해보면 내가 배웠다고 생각한 내용과 실제 기억에 남아 있는 지식이 양과 질에서 큰 차이가 있음을 실감하게 된다.

아웃풋과 인풋의 차이와 관련해 영어 신문이나 잡지 기사를 읽으면서 알게 된 영어 표현 'Pyrrhic Victory'에 얽힌 경험이 생각난다. '피로스의 승리'라는 이 말은 '너무 많은 희생을 치르고 얻은 승리'라는 의미로 기원전 279년 에피로스(Epeiros)의 왕 피로스(Pyrros)가 로마군에 맞서 승리는 했지만 너무 큰 희생을 치른 것에서 유래한 표현이다. 승자의 피해와 손해가 극심해 패배와 다름없을 정도로 승리의 의미가 퇴색한 경우에 사용한다. 나는 이 표현을 몇 번이나 입력했지만 막상 기억에 의지해 쓰려고 하면 발음도 정확하게 떠오르지 않고 철자도 'r'이 반복됐던가 아닌가 헷갈렸다. 용례도 확신이 가지 않아 정작 활용하려면 자신이 없었다. 반복해서 입력한 특정한 표현인데도 막상 상기하려고 할 때가 되어서야 불완전한 입력이었음을 알게 된 것이다. 결국 다시 해당 표현을 사전에서 확인하면서 제대로 기억하게 되었고, 아웃풋을 해보지 않으면 제대로 인풋이 되었는지 알 수 없다는 원리를 '몇 번의 경험 끝에' 비로소 깨달았다.

인풋으로 기억에 넣었다고 생각한 지식이나 정보라도 아웃풋을 해보아야 그 정확성을 알 수 있다. 아웃풋을 많이 해야 하는 가장 큰 이유이다.

4

포모도로 시간 관리법으로
아웃풋 훈련

60분 학습 중 조금씩 아웃풋 활동을 늘리다 어느 정도 익숙해지면 포모도로 시간 관리법을 활용해보자. 전반 30분 중 25분은 인풋 위주의 공부를 하고 5분 휴식을 취한 뒤 후반 30분은 아웃풋에 할애한다. 60분을 전반과 후반으로 나눠서 후반 모두 아웃풋에 사용하는 단계에 이르면 상당한 학습 효과를 체감할 것이다.

이때 아웃풋의 비중이 높기 때문에 전반 30분의 인풋 과정을 좀 더 확실하게 할 필요가 있다. 아웃풋 학습의 사전 작업이라고 생각하고 단순히 읽거나 보는 작업에서 벗어나 적극적인 방법을 동원해야 한다. 핵심적인 단어나 문장에 밑줄을 긋거나 형광펜으로 표시하거나 문단 전체가 중요하다고 생각되면 전체를 박스로 둘러주자.

인풋 과정에서 중요한 것은 부호화 방식이다. 수동적으로 내용을 따라가기보다는 '여기서 제일 중요한 내용이 무엇인가?'라는 질문을 해보자. 만약 내가 직접 시험을 출제한다면 어떤 문제를 낼지 생각하면서 인풋을 하면 아웃풋의 밀도가 올라간다.

30분 인풋, 30분 아웃풋

30분간의 아웃풋을 완벽히 하려고 너무 큰 부담을 가지고 준비할 필요는 없다. 아웃풋 과정에서 다시 자료를 찾아서 읽어보고 확인하는 행동이 다시 인풋 활동으로 이어지기 때문이다.

계속 입력 위주의 공부만 하면 진도는 빠르게 나가도 막상 공부한 내용은 머릿속에 많이 남지 않는다. 진도가 느려도 내용을 챙겨서 자기 것으로 만들어가자. 1시간을 투자해서 얼마나 공부했는지 확인하는 과정도 그렇지만 자신이 지금 막 공부한 내용을 나름의 방식으로 정리한 노트를 보면 더 큰 학습 성취감을 느낄 것이다.

포모도로 방식을 활용해 타이머로 시간을 재면서 25분 인풋 위주의 학습을 하고 5분 휴식을 취한다. 휴식 시간에는 책상에서 일어나서 커피를 마시거나 주변을 걷는 등 기분전환을 한다. 두 번째 포모도로 시간은 전반부에 공부한 내용을 요약하거나 셀프 테스트를 하면서 주요 내용을 암기한다. 사회과학이나 철학 책으로 공부할 경우 책을 보지 않고 최대한 기억해서 주요 개념을 백지에 적어보고

〈1시간 학습 예시: 25분 인풋+25분 아웃풋〉

시간	학습 내용	소요시간	완료 시 ∨ 표시
0~25분	철학, 사회과학 책 읽고 주요 내용 표시하기 (대학교재나 비슷한 수준의 교재 추천)	25분	
25~30분	휴식	5분	
30~55분	내용 요약 혹은 셀프 테스트 (교재 내용 참조하면서 복습 겸 암기)	25분	
55~60분	짧은 복습 및 정리	5분	

이후에 책과 확인하면서 복습한다.

학창 시절에 50분 수업을 듣고 쉬는 시간 10분 동안에 방금 배운 내용을 기억에 떠올리며 복습만 해도 나중에 따로 공부할 필요가 없다던 선생님의 말씀을 들어봤을 것이다. 복습의 효과와 더불어 아웃풋이 주는 학습 효율이 그만큼 크다는 말이다. 마찬가지로 1시간 학습에서 학습한 내용을 스스로 테스트하는 아웃풋 학습을 많이 할수록 자신의 것으로 내면화(internalization)할 수 있을 뿐만 아니라 필요할 때 정보를 기억에서 인출할 수도 있다.

의식적으로 아웃풋 활동을 학습에 배정하는 사람과 그렇지 않은 사람과의 차이는 시간이 갈수록 커진다. 포모도로 학습법으로 1시간을 공부할 때 후반부를 아웃풋에 투자하라고 권하는 이유이다.

5

책도 그냥 읽으면
남는 게 없다

무협지에 빠진 적이 있다. 고백하자면 지금도 즐겨 읽는다. 예전에 하도 무협지를 읽어서 만화방에서 더 이상 빌릴 책이 없을 정도가 되자 주인이 어떤 작가의 책이 재미있는지 물어볼 정도였다. 무협지를 열심히 읽었지만 이를 통해서 새로운 지식을 얻었냐고 물어보면 '결코 아니다'라고 대답하겠다. 솔직히 주인공의 이름도 관심이 없었고 한문으로 된 복잡하고 길기만 한 검법이나 무공 명칭도 대충 넘어갔다. 그나마 어떤 작가가 나의 취향에 맞는지 정도만 알았을 뿐 나머지 세부사항은 전혀 기억에 남지 않았다. 오로지 약해빠진 주인공이 어떤 인연을 통해 천하무적이 되고 중원에서 악당을 응징하며 활약하는 스토리를 보는 재미로 무협지를 찾아 읽었다.

책을 아무리 많이 읽어도 이렇게 재미로만 보면 머릿속에 남는 게 없다.

책을 읽거나 TV 드라마, 영화 등을 재미 삼아 보는 것은 시간을 즐겁게 보내는 '유희'일 뿐이다. 특정한 목적과 정신적 부담 없이 재미를 주는 미디어에 시간을 소비하는 것은 삶을 즐기는 방식이다. 이를 인지하고 그 시간을 자율의지로 통제하고 있다면 아무런 문제가 없다. 하지만 수동적인 책 읽기를 하면서 이것도 공부라고 자기최면을 걸거나 영어 공부를 한다며 한글 자막이 나오는 미국 드라마를 몇 시간씩 보는 것은 문제가 있다. 그런 행위는 그냥 책을 읽고, 드라마를 보면서 시간을 보낸 것에 불과하다. 구체적인 목적 의식과 능동적인 내면화 과정이 결여된 수동적인 입력은 시간 낭비가 될 가능성이 매우 높다는 것을 기억하자.

챕터별로 두 번씩 읽기

앞서 수동적인 책 읽기를 언급했는데 조금 다른 책 읽기 방식을 소개해보겠다. 대학교 때 전공이 영문학이어서 영국과 미국 소설을 읽는 시간이 있었다. '와 수업 시간에 재미있는 소설책을 읽다니, 이건 수업이 아니라 노는 거구만!'이라고 생각할 학생은 예나 지금이나 없을 것이다. 수업에서 다루는 소설은 주제가 심각하거나 난해하고 결정적으로 모르는 단어가 폭포수처럼 쏟아지는 난이도가 높은 작품이다. 취미 삼아 재미있게 읽는 영어 소설이 아니라 내용과 구조, 주인공 등을 분석해 토론하고 영문 에세이를 써야 하는 그야말로 영문학 '교재'다. 무협지 읽듯 대충 줄거리만 파악하면서 읽었다가는 수업 시간에 토론도 못하고 에세이도 쓰지 못하는 낭패를 겪는다.

모르는 단어가 넘쳐나는 이 영문학 교재를 어떻게 읽어야 할지 막막했는데 한 선배가 결정적인 조언을 해주었다. '챕터별로 두 번씩 읽기' 방법인데 이후에 다른 공부에도 적용해서 큰 도움을 받았다. 먼저 영어 단어 실력이 부족한 상태라 처음 읽을 때는 모르는 모든 단어에 밑줄을 긋고 영한사전을 참조해 단어 뜻을 작은 글씨로 적었다. 그러면서 소설의 세부사항은 신경 쓰지 않고 대강의 줄거리만 파악한다. 이렇게 한 챕터의 단어 찾기와 줄거리 파악용 읽기가 끝나면 잠시 쉬었다가 방금 읽은 챕터의 두 번째 읽기를 시작한다. 두 번째 읽을 때는 본격적으로 메모를 하면서 읽는다. 문단별로 한 개 또는 최소한 한 페이지에 한 개라도 꼭 메모한다. 메모는 하나의 단어가 될 수도 있고 몇 개의 단어나 아주 짧은 문장이 될 수도 있다. 메모의 내용은 스토리나 캐릭터 분석, 은유나 상징성에 대한 개인적인 감상 등 제한은 없지만 주로 문학 비평의 기초자료를 만드는 데 목적을 둔다.

두 번째는 분석적으로 읽기

반면, 소설책의 처음부터 마지막 페이지까지 단어를 찾으면서 한 번 읽고 다시 처음부터 읽으며 분석하는 것은 오랜 시간과 엄청난 인내심을 필요로 한다. 분량이 많아 무얼 읽었는지 기억하기도 어렵다.

영문 소설을 챕터 단위로 두 번씩 읽어나가는 이유는 처음 읽을 때 전체적인 내용과 단어를 파악하며 텍스트에 익숙해지고, 두 번째 읽을 때 자신만의 분석이 들어가면서 주제를 찾아가고 캐릭터와 배경 등에 대한 의미를 능동적으로 파악할 수 있어서이다. 만약 한 챕터가 너무 길거나 너무 짧다면 본인이 한자리에서 읽을 수 있는 분량(보통 30~50페이지)으로 나눠서 읽어도 된다.

챕터별로 두 번씩 읽는 것은 학습 측면에서 상당히 효과적인 방법이다. 책을 이렇게 깊게 읽으면 이후 토론이나 에세이 작성도 수월해진다. 신기하게도 이런 본격적인 '공부'를 통해서 작가가 숨겨놓은 의미를 파악하면 엄청난 '재미'를 느낀다. 마치 흥미진진한 영화를 보면서 다음 장면을 궁금해하듯 두 번째 읽기에서는 어떤 새로운 의미를 찾을 수 있을까 기대하면서 읽는 것이다. 무협지도 내가 영어 소설을 공부했던 것처럼 능동적으로 의미를 찾고 분석적으로 읽었다면 다른 결과를 얻었으리라 생각한다.

수동적인 책 읽기는 공부가 아니라 오락임을 빨리 알아야 한다. 몸과 정신이 편한 수동적인 인풋에 만족하면 공부가 더딜 수밖에

없다. 귀찮고 시간이 걸리고 머리가 좀 아프더라도 분석과 이해가
필수인 본격적인 '공부'를 하자. 챕터별로 두 번씩 읽기 방법을 사
용하면 분석 과정에서 쏠쏠한 재미를 느낄 수 있다.

6

망각의 적,
분산-반복-복습의 효과

아웃풋 중심의 학습을 제대로 하기 위해서는 한 번의 '인출'만으로는 부족하다. 공부는 시간과 노력의 합이라는 등식에서 '인출'은 노력의 종류와 강도를 의미하고, 등식을 완성하기 위해서는 시간의 구체적인 활용법을 알아야 한다. 학습 시간의 배정과 활용은 매일 1시간 공부와 맞물려 매우 중요하다.

성과는 시간에 정비례하지 않는다

단순하게 보면 많은 시간을 공부할수록 효과가 높은 것이 당연하다. 그런데 공부한 시간에 정비례해서 성과가 나온다면 좋겠지만 그렇지 않다. 오늘 화끈하게 15시간을 몰아서 영어 공부를 하고 이후 15일간 전혀 공부를 하지 않은 사람이 있다고 하자. 이와는 대조적으로 10~20분의 복습 시간을 포함해 하루 1시간이지만 15일에 걸쳐 꾸준히 공부한 사람이 있다. 누가 더 활용이 가능한, 즉 기억에서 꺼내 사용할 수 있는 영어를 습득했을까? 예상대로 후자다.

망각을 피하는 방법

독일의 심리학자 헤르만 에빙하우스(Hermann Ebbinghaus)는 시간의 경과에 따른 기억의 감소량을 측정한 '망각 곡선(Forgetting curve)' 가설을 제시했다. 망각 곡선을 보면 학습 바로 직후에 망각이 시작되며, 1시간 뒤에는 약 50퍼센트, 하루 뒤에는 약 70퍼센트, 한 달 뒤에는 약 80퍼센트를 망각하는 것을 알 수 있다.

이 가설에 따르면, 기억을 유지하려는 시도가 없으면 시간의 경과에 따라 정보가 손실되는 현상을 막을 수 없다. 따라서 학습 내용을 장기적으로 기억하기 위해서는 규칙적인 '분산 반복 복습' 과정이 필요하다. 하루 1시간 공부를 하고 10분 후, 1일 후, 1주일 후, 1개월 후, 3개월 후 주기적으로 복습을 하면 학습한 내용이 장기 기억에 보존될 확률이 높아진다.

하지만 복습을 꾸준히 하기는 쉽지 않다. 오늘 공부한 진도를 주

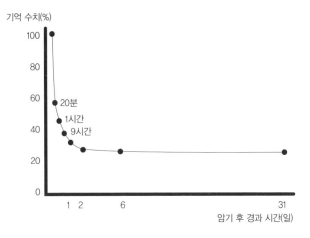

에빙하우스의 망각 곡선

기적으로 복습하도록 일정표에 넣는 일이 상당히 번거롭기 때문이다. 특히 학습한 내용이 누적될 경우 복습 분량이 감당하기 힘들 정도로 늘어난다. 이럴 때는 세 번의 복습 이후에는 해당 분량의 복습을 학습 일정에서 아예 제외하는 것도 방법이다.

시간에 취약한 인간의 기억을 오래 지속시키기 위해서는 규칙적으로 '분산 반복 복습'을 하는 수밖에 없다. 1시간 학습을 시작하기 전에 머릿속으로 재빨리 어제 공부한 내용을 떠올려보자. 전날 공부한 내용을 넘겨보며 '아, 이런 내용도 있었네!'라고 확인만 해도 복습 효과가 있다. 주말 하루를 아웃풋 학습의 날로 정해 일주일간 공부한 내용을 셀프 테스트해보는 것도 좋다.

7

분산-반복-복습을
도와주는 도구들

직접 분산 반복 복습 일정을 만들어서 유지하기 힘든 경우라면 복습 시간 간격을 자동으로 관리해주는 프로그램이나 앱을 활용할 수 있다. 추천하고 싶은 프로그램은 'Anki(앙키)'로 SMS(spaced memory system) 혹은 SRS(spaced repetition software) 플래시카드 학습 프로그램이다. PC와 모바일로 사용할 수 있으며 유료, 무료 스마트폰 앱도 출시되어 있다. 이런 프로그램은 학습 내용을 장기 기억으로 전환하는 데 도움을 준다.

플래시카드 학습

SMS 프로그램이나 앱은 에빙하우스 망각 곡선의 원리를 응용해서 학습자가 공부한 내용을 잊을 만한 시간이 되었을 때 문제를 내서 기억을 강화해준다. 퀴즈 형식으로 답을 맞힌 문제라도 일정 시간이 지나면 다시 학습자에게 물어보는 과정을 반복하는데 시간이 갈수록 주기가 길어진다. 이렇게 컴퓨터가 개별 단어나 퀴즈에 대해서 자동으로 복습 주기를 계산하는 알고리즘을 적용하기 때문에 학습자 입장에서는 일일이 복습 주기를 정하지 않아도 된다.

대신 SMS 프로그램을 통해 학습할 내용을 형식에 맞게 입력하는 과정이 필요하다. 그런데 문제와 답을 직접 타이핑하는 시간이 오래 걸리고 지루하기 때문에 기존 사용자가 만들어서 공유한 파일을 사용하기도 한다. 한 번에 양이 많고 잘 정리된 파일을 확보할 수 있지만 자신이 직접 정리한 것보다는 아무래도 필요 없는 정보가 많이 포함되어 있다. 그러니 되도록 본인이 학습한 내용을 매일 조금씩 정리해서 활용할 것을 추천한다.

학생들도 SMS 프로그램을 사용해 평소에 공부한 내용을 정리해두면 시험 기간이 닥쳤을 때 급하게 공부할 필요가 없다. 실제로 대학원 생물학 시험 때 꽤 많은 용어를 암기해야 했는데, 평소 SMS 프로그램에 모두 입력한 뒤 스마트폰으로 하루에 5~10분씩 주기적으로 틀리는 문제만 반복해서 공부했더니 시험 부담이 확 줄었다. 시험이라고 특별히 시간을 내어 공부하지 않고 SMS 프로그램으로 복습만 했는데도 시험 결과가 매우 좋았다. 개념이나 용어, 단어를 암기할 경우 SMS 스마트폰 앱을 활용하면 학습 내용을 장기 기억으로 보내기에도 유리하고 이동 시간에 편리하게 공부할 수 있으니 적극 추천한다.

복습 분량을 일정하게 한정해두자

분산 반복 복습을 체계적으로 하기 힘들거나 SMS 소프트웨어를 사용하기 힘들다면 복습을 단순화해 적용하자. 핵심은 복습 분량을 일정하게 유지하는 것이다. 일주일간 학습한 내용을 매주 토요일에 한꺼번에 복습해도 좋고 주말에도 계속 진도를 나간다면 분량을 조절해도 좋다.

복습 분량을 유지하는 것은 특히 외국어 학습에서 유용하다. 예를 들어 오늘 공부한 단어와 표현, 문장을 노트에 정리하면서 맨 위에 날짜를 표시한다. 다음 날은 전날 학습한 내용을 먼저 복습하고 오늘 공부한 내용을 날짜를 적으면서 정리한다. 이런 과정을 반복하면서 매일 복습할 범위를 5~7일 치로 한정한다. 이렇게 하면 일정한 복습 분량이 정해지면서 복습 주기를 따로 설정할 부담이 줄어든다.

완전히 암기한 내용은 삭제하기

또 다른 요령은 매일 복습을 하면서 이미 완전히 외웠다고 생각되는 단어는 완료 표시를 해서 복습 범위에서 제외한다. 복습할 단어의 개수가 계속 줄어 5~7일 치를 복습해도 양적으로 부담이 크지 않다.

셀프 테스트 방법은 녹음기를 활용하면 좋다. 예를 들어 본인이 직접 단어를 읽고 약간의 시간차를 둔 뒤에 한국어 뜻을 말한다. 반대로도 녹음이 가능하다. 이렇게 녹음한 파일을 들으면서 본인이 직접 답을 말해보며 테스트한다.

단어 받아쓰기에도 녹음 후 셀프 테스트 방법이 유용하다. 눈으로 볼 때는 아는 것 같지만 막상 종이에 쓰려고 하면 철자가 잘 기억나지 않기 때문에 녹음을 듣고 받아써 보는 것이다. 예전에 중국어를 배울 때 만난 중국어 전공 학생은 셀프 테스트를 통해 이미 외운 단어나 표현은 단어장에 검은 사인펜으로 보이지 않게 칠했다고 한다. 남은 단어에만 눈이 가는 효과도 있고 검은색이 노트를 채우면서 성취감도 높아졌다고 하는데 효과적인 방법이라고 생각한다.

8

아웃풋 훈련 1: 필사

텍스트를 그대로 따라 쓰는 것을 필사라고 한다. 소설가 지망생이나 문장을 잘 쓰고 싶은 사람들이 좋아하는 작가의 작품을 필사하며 자신의 필력을 높이는 훈련으로 삼기도 한다. 이 필사로 아웃풋 학습 훈련을 할 수 있다.

코리아헤럴드 신문사에서 대학생 인턴기자들에게 필사 숙제를 내주고 확인한 적이 있다. 대략 한 페이지 정도 필사한 노트를 매일 아침 필자의 책상에 두면 이를 확인해주었다. 한 달 이상 필사를 하며 훈련한 인턴기자들의 글을 보면 이전보다 훨씬 나아진 것을 확인할 수 있었다. 인턴기자들도 필사가 영문 기사 작성에 실질적인 도움이 됐다고 말한다.

그런데 이미 쓰인 글을 보고 그대로 베껴 쓰는 행위가 아웃풋 중심의 학습이 될 수 있을까? 백지에 영어 단어를 10번씩 반복해서 쓰는 행위처럼 비효율적이고 미련한 학습법 아닌가, 하고 생각할 수도 있다. 하지만 지금 말하고자 하는 필사는 일반적인 필사와 다르다. 철저한 아웃풋 훈련이면서 동시에 실전이다.

필사의 5단계

필사는 글쓰기뿐 아니라 어학 공부에도 도움이 된다. 필사로 영어 학습을 계속하면 글 쓰는 감각을 향상시키고, 좋은 표현을 익히며, 작업 기억(working memory)을 높이는 데 유용하다. 여기서 말하는 필사는 꼭 종이에 손으로 쓸 필요가 없는 필사이다. 컴퓨터를 사용해서 타이핑해도 괜찮고 문장을 한 번 읽고 외워서 다시 말해보거나 녹음해보는 훈련도 필사의 하나다. 아래 필사 5단계는 일반적인 영어 학습을 예로 들어 설명한 것이다.

① 필사할 자료 선택

어떤 텍스트를 선택해서 필사할지 정한다. 되도록 너무 쉽지도 너무 어렵지도 않은 기사나 책의 내용을 선택해서 필사한다. 너무 길거나 전문적인 내용이라면 한 문장을 제대로 외워서 쓰기가 어렵다. 자신이 익숙한 분야나 좋아하는 저자의 글을 선택하는 것이 부담을 줄여서 꾸준히 할 수 있는 비결이다.

　필사 연습이 어느 정도 된 다음에는 평소와는 다른 주제, 자신이 잘 모르는 주제를 선택해서 필사하면 되는데, 영어의 경우 국내 영자 신문 기자가 쓴 기사와 외신 기자가 쓴 글을 적절하게 혼합해서 훈련하자. 국문 신문의 경우 스트레이트 뉴스보다는 사설이나 칼럼을 필사하며 한글 글쓰기 연습을 할 수도 있다.

② 한 문장 암기 후 쓰기

　'한 문장 암기 후 쓰기'는 필사의 핵심 과정이면서 동시에 아웃풋 훈련의 꽃이다. 기억에 의존해서 입력한 내용을 다시 출력하는 과정을 문장 단위로 하는 훈련이기 때문이다. 하나의 글을 여러 번 반복해서 읽는 훈련은 인풋 중심의 학습이지만 문장이나 문단 단위로 암기해서 쓰거나 타이핑하는 훈련은 아웃풋 중심의 학습이다. 영어를 공부할 경우, 내가 얼마나 문장을 이해하고 있는지를 보여주고 불완전한 기억 때문에 일부 관사나 전치사가 기억이 나지 않을 때 자신이 알고 있는 문법 지식을 동원해야 하므로 알고 있는 지식을 검증하는 역할도 한다.

　영어나 한국어로 된 문장 하나를 외우라고 하면 쉽다고 생각할 수 있지만 실제 해보면 상당히 어렵다. 영자 신문 기자라도 영어 문장을 한 번 보고 완벽하게 외워서 쓸 수 있는 이는 많지 않다. 왜 한 번 보고 암기하는 것이 어려울까? 일단 기사나 칼럼 문장의 난이도가 높다. 일상적인 대화체보다는 문장 구조와 표현이 일정 수준 이상이 되는 문어체가 많다. 게다가 한 문장의 길이가 거의 한 문단에 해당될 정도로 긴 경우도 많다.

작업 기억의 폭이 아직 넓지 않은 것도 걸림돌로 작용한다. 작업 기억은 단기 기억이나 장기 기억과는 다른 개념으로 정보를 능동적으로 이해하고 조작하는 일종의 작업대 같은 역할을 한다. 훈련을 할수록 이 작업 기억의 폭이 넓어져서 좀 더 긴 정보를 처리하는 것이 가능해진다. 예전에 학원에 다니면서 작업 기억을 확장하기 위해서 훈련을 했는데 처음에는 한 문장은 고사하고 단어 몇 개도 기억이 잘 나지 않았다. 알고 보니 한 문장을 제대로 암기하는 것은 상당한 실력자임을 의미하고, 관련 업계에 있는 전문가에 따르면 동시통역 대학원 교수 정도가 작업 기억을 통해 두 문장을 완벽하게 처리할 수 있다고 한다.

'한 문장 암기 후 쓰기'를 할 때 한 문장을 도저히 외우지 못하겠으면 구절 단위로 끊어서 암기해 써보자. 원문을 종이로 가리고 암기력에 의지해서 쓸 때 최대한 원문에 나온 표현을 기억해보려고 노력해야 한다. 기억에서 문장을 떠올리려는 강도를 높일수록 아웃풋 학습 효과가 올라간다. 이런 과정을 통해서 문장 구조와 표현, 단어를 자신의 것으로 만들 수 있다.

③ 스스로 교정하기

영작 첨삭 교정에 환상을 가진 사람이 많다. 원어민이 자신의 글을 고쳐 주는 첨삭 교정만이 실력 향상에 효과가 있다고 믿는다. 하지만 개인 첨삭의 효과는 제한적이다. 글의 교정은 매크로와 마이크로 교정으로 나누는데, 전체적인 구성과 논리적인 구조를 고치는 것을 매크로 교정이라 하고 이 부분은 첨삭 교정으로 다루기 어렵다. 마이크로 교정은 세부적인 단어와 문법의 오류를 잡는 교정인데 학습자가 교정된 내용을 검토하고 복습해서 자기 것으로 만들지 않으면 같은 실수를 반복한다.

필사한 글을 스스로 교정하는 것은 마이크로 교정에 속한다. 외워서 쓸 때 관사, 전치사, 시제 등을 틀리기 쉬운데, 이런 부분을 원문과 대조하며 교정한다. 신문 기사나 책의 경우 이미 논리나 내용이 잘 구성되어 있기 때문에 매크로 교정을 한다기보다 전체적인 구조만 눈도장을 찍어두면 된다. 이렇게 필사 연습을 꾸준히 하면 자연스럽게 글의 구성이 좋아지고 표현과 문장이 세련되어지는 것을 느낄 수 있다.

④ 좋은 표현 따로 정리하기

힘들게 필사만 하고 좋은 표현을 암기하지 않으면 소용이 없다. 좋은 표현을 주기적으로 분산 반복해서 복습해야 한다. 이를 위해서는 좋은 표현을 정리해두어야 한다. 사전을 사용해서 모르는 단어는 뜻을 찾아 적어놓자. 필사한 기사의 하단에 정리하거나 여백에 메모 형식으로 적어도 좋다. 아예 다른 노트를 마련해서 정리할 수도 있고 SMS 프로그램에 단어를 입력해두어도 된다. 어려운 단어보다 영작이나 회화에 활용 가능한 유용한 표현을 정리해보자.

⑤ 복습과 암기

매일 새로운 텍스트를 필사하기 전에 기존에 자신이 정리한 일정 분량의 표현을 다시 넘겨보면서 복습하자. 완전하게 외운 표현은 체크해두고 암기가 잘 안 되는 표현을 중심으로 복습한다. 필사하면서 알게 된 좋은 표현을 중심으로 암기하되 만약 문장 자체가 좋다면 통째로 암기해보자. 특히 실전 회화나 영작에서 쓰기 좋은 표현일 경우 문장의 주어나 동사, 혹은 시제를 바꾸어서 문장을 만들어보는 훈련도 추천한다.

30분 필사 후 내용 정리와 암기

필사는 효과적인 아웃풋 학습이지만 주의사항이 있다. 필사를 하는 과정에서 상당히 많은 에너지가 들어간다. 필사를 하면서 내용을 기억하려는 노력과 기억에 의지해 해당 문장을 다시 쓰려는 행동은 정신적 에너지가 많이 소모되는 일이다. 따라서 너무 오랜 시간 필사를 하는 것은 추천하지 않는다. 최대 한 페이지 분량이 적당하다. 따라서 처음에는 30분 정도 분량의 필사만 하고 나머지 시간은 표현을 정리하고 암기하는 데 사용하기 바란다.

손으로 쓰는 필사를 무리해서 할 필요는 없다. 물론 직접 컬러펜과 형광펜으로 표시하면서 필사를 하면 기억하기 쉽지만, 여의치 않다면 컴퓨터 키보드로 타이핑하면서 입력해도 효과가 크게 다르지 않다. 종이에 필사하든 키보드로 타이핑을 하든 최대한 원문을 가리고 한 문장씩 기억해서 쓴 후 원문과 비교해보고 교정하는 훈련을 하자.

아웃풋 훈련 2: 요약

공부한 내용을 소화해서 말이나 글로 요약하는 훈련은 대표적인 아웃풋 중심의 학습이다. 수동적인 책 읽기와 같은 인풋 중심의 학습만으로는 부족하다. 읽고 들은 내용을 자신만의 단어를 사용해 문장으로 요약하는 연습은 지식을 좀 더 강력하게 '내면화'하는 방법이다. 또 외부로 표현하는 과정에서 기억이 강화되고 새로운 지적 연결점을 발견할 수 있다. 요약은 공부의 강도를 높이는 최적의 학습법이다.

요약은 고도의 지적 훈련

요약이 고차원적 학습법이라고 인식하게 된 계기가 있다. 어느 통역 전문가에게 듣고 공감한 내용이다. 흔히 동시통역이 순차통역보다 어렵다고 생각한다. 동시통역은 그야말로 연사의 말을 듣는 '동시에' 외국어나 한국어로 내용을 통역하는 고난도의 기술이다. 예를 들어 영어로 연사가 말을 하면 통역사는 귀로 들어오는 영어 문장들을 적절하게 끊어가면서 빠르게 내용을 파악해 한국어 문장으로 변환한다. 여기까지는 귀와 뇌에서 일어나는 과정이다. 이후 변환된 한국어 문장을 입을 통해 말로 내뱉는 행위를 하는데 여기서 고도의 멀티태스킹 능력이 필요하다. 한편으로는 계속 연사가 던지는 입력 정보를 머릿속에서 처리하고 다른 한편으로는 자신이 한국어로 통역하는 내용을 스스로 모니터(관찰)하면서 틀리거나 어색한 부분이 없도록 해야 한다. 정보 처리 속도도 빨라야 하고 작업 기억 영역도 폭넓어야 하며 통역하고 있는 자료의 내용을 매우 자세히 파악하고 있어야 가능한 일이다. 게다가 연사가 예상치 못한 발언을 할 수도 있으니 순발력도 뛰어나야 한다.

순차통역은 어떨까. 순차통역은 상황에 따라 다르기는 하지만 보통 하나의 의미 단위, 즉 문장이나 문단 정도의 발언이 있은 후에 통역사가 메모와 기억에 의지해 그 내용을 한국어나 외국어로 통역한다. 세부 내용을 잊지 않기 위해서 빠르고 정확하게 핵심을 메모할 수 있어야 하고 모든 내용을 기록할 수 없으니 기억력도 좋아야 한다. 하지만 더 중요한 자질은 내용을 중요도에 따라 재구성해 제대로 요약하는 능력이다. (행사나 미팅의 목적에 따라 내용 그대로 순차통역하는 경우도 많기는 하다.) 핵심을 파악하고 내용을 요약해서 언어 간 변환을 하는 능력은 자료에 대한 이해와 관련 배경지식이 풍부해야 갖출 수 있다. 입력되는 정보 중에서 핵심을 파악하는 정확한 판단력과 중요도 순으로 구조를 바꾸어 말하는 논리력과 표현력도 필요하다. 그래서 순차통역을 동시통역보다 어렵다고 말하기도 한다.

동시통역은 물처럼 계속 흘러가는 속성과 빠른 속도 때문에 문장의 수준이나 정교함에 대한 기대치가 아주 높지는 않다. 상대적으로 정확성보다는 순발력이 빛을 발한다. 반면 순차통역은 통역사의 이해도, 판단력, 논리력, 표현력, 언어 능력이 극명하게 드러난다. 그 까다로운 순차통역에서 중요한 '요약'은 고도의 지적 훈련이 필요한 능력이다.

요약의 방법 5가지

요약 훈련에 적당한 자료는 전문 분야 학술서나 논문, 신문 기사 등이다. 요약을 염두에 두고 책을 읽으면 애초에 읽는 행위의 밀도가 올라간다. 공부에 들어가는 노력 강도가 자연스럽게 상승한다. 중요한 내용을 찾아서 읽으려는 목적성이 생겨서 이해도가 올라가고 다른 글에 해당 내용을 인용하는 등의 2차적인 활용 가능성이 커진다. 다음과 같은 방법을 활용해 공부 내용을 일목요연하게 정리하는 요약 능력을 키워보자.

① 중요한 내용 밑줄 긋거나 메모하기

핵심 어휘와 중요한 문장에 밑줄을 그어두거나 메모를 하면서 읽으면 나중에 요약하는 데 시간을 절약할 수 있다.

② 한 문단 정도 요약해서 써보기

핵심 포인트를 메모 형식으로 정리할 수도 있고 노트에 한 문단 정도로 요약해서 써도 좋다.

③ 다른 사람에게 말로 설명하기

공부한 내용을 남에게 요약해서 설명하면 그 과정에서 강도 높은 학습이 일어난다. 핵심을 간추려서 다른 사람에게 설명하거나 혹은 혼자라면 스마트폰에 녹음해서 들어보자. 본인이 이해하지 못한 내용은 다른 사람에게 설명할 수 없으므로 설명을 시도하는 자체로 공부한 내용의 이해도가 올라간다. 선생님이 학생들에게 교과 내용을 가르치면서 자신이 더 많이 배운다고 말하는데, 같은 원리로 공부한 내용을 다른 사람에게 설명하는 것은 가장 효율이 높은 아웃풋 학습이다.

④ 핵심 내용을 녹음해서 원래 내용과 비교해보기

공부한 자료를 가린 뒤에 기억에 의지해서 말로 요약하는 방법도 효과적이다. 이때 녹음한 내용과 원문을 비교해보면서 다시 들으면 자신이 얼마나 정확하게 내용을 알고 있는지 파악할 수 있다.

⑤ 마인드맵으로 요약 정리하기

독서 노트용으로도 많이 쓰이는 마인드맵을 사용해서 공부한 내용을 요약 정리하는 방법도 추천한다.

공부한 내용을 요약하는 다양한 방법을 살펴보았다. 어떤 방법이든 괜찮지만 되도록 기록을 남겨서 나중에 리뷰가 가능한 방식으로 요약하자.

3장
핵심
메시지

◎ **아웃풋 공부법이 중요한 이유**

쉽게 배운 내용은 쉽게 잊힌다. 배운 내용을 기억에서 떠올려 '인출'하는 연습을 하면 신경세포를 자극해 기억을 강화할 뿐 아니라 '입력'도 정교해지는 일거양득의 효과를 얻는다.

◎ **50분 인풋+10분 아웃풋**

아웃풋은 많으면 많을수록 좋다. 1시간 공부 초기에 아웃풋 중심 학습을 10분이라도 배정하자.

◎ **30분 인풋+30분 아웃풋**

1시간 공부에서 10분 아웃풋 훈련이 익숙해지면 포모도로 시간 관리법을 이용해 전반 30분에는 인풋, 후반 30분에는 아웃풋 중심 학습을 해보자.

◎ **두 번씩 읽고 두 번째는 분석하는 독서법**

단순히 책을 읽는다고 공부가 아니다. 책 내용을 능동적으로 분석해서 감상이나 비평을 메모하거나 글로 요약하는 추가적인 작업이 있어야 진정한 공부다. 두 번씩 읽고 두 번째 읽을 때는 분석해서 읽자.

◎ **분산 반복 복습의 중요성**

인간의 망각을 의도적으로 변형하는 방법이 '분산 반복 복습'이다. 공부한 내용을 기억에 오래 남기기 위해서는 주기적인 복습이 중요하다. 자신만의 복습 일정을 정하자.

◎ **아웃풋 연습 1: 필사의 5단계**

① 본인이 필사하고 싶은 텍스트를 고른다.

② 한 문장 단위로 눈으로 보고 암기해서 노트에 적는다.

③ 원문과 비교해서 틀린 부분을 다른 색의 펜으로 교정한다.

④ 유용하거나 중요한 표현을 따로 정리한다.

⑤ 필사하고 교정, 정리한 표현을 주기적으로 복습하고 외운다.

◎ **아웃풋 연습 2: 일목요연하게 정리하는 요약의 방법**

① 중요한 내용에 밑줄을 긋거나 메모한다.

② 한 문단 정도로 요약해서 써본다.

③ 다른 사람에게 말로 설명해본다.

④ 자신이 파악한 핵심 내용을 녹음해서 원래 내용과 비교해본다.

⑤ 마인드맵을 활용해서 공부 내용을 요약, 정리한다.

4장

이제, 나에게 맞는
공부 시스템을
만들어보자

1

나만의 공부 시스템이
필요한 이유

시간이 그리 여유롭지 않은데도 열심히 공부해서 시험에 합격하거나 대학원에서 학위를 받는 등 일정한 성과를 거두는 직장 동료를 보면 '나도 공부를 하고 싶다'는 동기 부여가 된다. 하지만 오랜 기간 공부의 필요성을 느끼지 못하고 있다가 갑자기 책을 읽고 분석하거나 참고서를 보면서 문제를 풀거나 영어 단어를 암기하려고 하면 생각대로 잘 안 된다. 공부를 하려고 하면 예상치 못한 일이 직장에서 발생하고 집에서도 해야 할 일이 쌓인다. 저녁에 퇴근하고 나면 저절로 소파로 향해 어느새 스마트폰으로 영상을 보거나 TV를 보고 있다. 하루 1시간 공부하기가 쉽지 않다는 것을 깨달을 즈음엔 벌써 상당한 시간이 지나가버린 상태다.

분명히 공부할 교재도 구입하고 학습 시간도 확보해두었는데 왜 공부가 제대로 되지 않을까? 동기 부여, 학원 등록, 참고서 구입 등은 공부를 하기 위한 준비 작업에 해당한다. 정작 공부는 본인이 책상 앞에 앉아 직접 해야 한다. 그것도 하루가 아니라 상당한 기간 동안. 이럴 땐 내직인 동기 부여만으로는 부족하고 새로운 접근법이 필요하다.

현실적이고 아주 구체적인 목표

왜 공부하려는 의지가 있어도 중도에 포기할까? 공부 방법과 동기 부여에 대해서 알고 있더라도 자신에게 맞는 '공부 시스템'을 만들지 못해서이다. 매일 일정한 시간 동안 책 읽는 습관을 지닌 사람은 이런 시스템을 만들기에 유리하지만 본격적인 공부를 위한 시스템은 더 많은 요소가 필요하다. 현실적인 목표 설정, 구체적인 행동 계획, 긍정적인 피드백 및 보상 등이 어우러지는 학습의 선순환 사이클을 본인의 상황과 필요에 맞게 직접 설계하고 운영해야 한다.

일반적인 공부 시스템

- 목표 설정
- 학습 계획
- 행동 계획

- 학습

- 보상

    이런 시스템의 기초는 목표에서 시작한다. 목표는 달성 가능하고 구체적이어야 한다. 예를 들어 '1년 안에 하루 1시간씩 공부하여 중국어 HSK 4급 시험 합격'은 달성 가능하고 구체적이며 단 하나의 집중된 주제이기 때문에 목표로 삼기에 적당하다. 하지만 '1년 안에 중국어 마스터'는 애초에 불가능한 목표다. 물론 하루 1시간씩 1년만 공부해도 중국어를 완벽하게 구사할 수 있는 어학 천재가 없다고 단언할 수는 없다. 그런 예외를 제외한다면 일반적인 학습자가 '마스터'나 '완벽' 혹은 '모두' 등의 단어로 학습 목표를 설정하는 것은 적합하지 않다.

학습 계획은 유연하게

목표를 적절하게 설정하는 사람도 많지 않다. 목표에 도달하는 사람은 더욱 적다. 어느 조사에 따르면 새해의 결심은 92퍼센트의 사람들이 포기하고 겨우 8퍼센트만 끝까지 실천한다고 한다.

    목표를 정했으면 구체적인 학습 계획을 세워야 목표에 도달할 수 있다. 공부할 교재를 정하고 얼마나 시간을 배분할지 정해야 한다. 처음에는 되도록 넉넉하게 시간과 진도를 배정하자. 막상 공부하려면 예상치 못한 변수가 생겨서 궤도에 오르기까지 준비 기간이 꽤 필요하고, 또 진도를 못 따라가면 심리적으로 위축되어 공부 자체를 포기할 수 있기 때문이다. 목표는 한번 정하면 끝까지 밀고 나가야 하지만 학습 계획은 유연하게 가져가는 것이 좋다. 실제로 공부를 해보고 시간 배정과 공부 분량이 맞지 않으면 적극적으로 조정하자.

2

학습 계획과
행동 계획의 차이

목표를 정하고도 중도에 포기하는 이유는 무엇일까? 시간 관리 실패, 의욕 감퇴, 미루기 병 악화 등 다양하다. 그러나 제일 큰 이유는 구체적인 행동 계획(action plan)이 없거나 행동 계획 자체에 문제가 있어서인 경우가 많다. 예를 들어 중국어 시험 합격이라는 구체적인 목표를 잡았으면 장기 학습 계획을 세운다. 연간 계획에 따라 당장 두 달간은 기출문제집을 풀고 단어를 암기한다고 가정하자. 기출문제집이 300페이지면 2개월간 매일 최소 5페이지씩 공부해야한다. 교재를 정하고 하루 공부 분량을 정하는 학습 계획 설계는 학교에서의 시간표 짜기와 비슷하다. 시간과 과목, 교재를 정해놓고 대략의 공부 분량을 정하는 것이다.

학습 계획에 따른 행동 계획 짜기

하지만 '어떻게' 공부하는지에 대한 내용이 없으면 실제 공부로 이어지지 않는다. 물론 '진도대로 공부한다'라고 수첩에 적어놓고 계획한 진도를 나갈 수도 있다. 하지만 오늘 나갈 진도를 어떤 식으로 공부해야 하는가를 정하려면 먼저 선택 가능한 행동 계획을 수립해야 한다. 만약 학습 계획이 매일 기출문제집 5페이지를 푸는 것이라해도 실제 확보되는 시간과 학습 장소에 따라 교재의 내용을 어떻게 공부할지 다양하게 선택할 수 있다.

하루에 일정 분량의 진도를 나가기 위해서는 공부 시간뿐만 아니라 장소도 확보해야 한다. 이동 중에는 스마트폰으로 인터넷 강의를 들을 수 있지만 교재에 표시를 하거나 암기를 하는 데는 한계가 있다. 결국 집이나 카페에서 노트북이나 데스크톱 컴퓨터를 사용해야 하는 공부는 이동 시간에 하기 적합하지 않다. 더불어 교재의 내용이 챕터에 따라 설명, 요약, 문제풀이 등으로 변할 수 있기 때문에 행동 계획을 이에 따라 유연하게 변경할 수 있어야 한다.

도저히 1시간으로 소화할 수 없는 공부도 있다. 예를 들어 외국어 기출문제집의 경우 실전 감각을 높이기 위해서 실전과 같은 시간을 배분하여 1세트를 쉬지 않고 풀 수도 있다. 이때 2~3시간 이상이 필요하다. 평일에는 이런 학습 시간을 확보하기 어려우니 부득이 주말을 이용해야 한다.

〈학습 계획의 예: 일본어 JLPT 기출문제집 학습〉

날짜	시간	진도	완료 후 ∨ 표시
7월 1일	1시간	1~5페이지	
7월 2일	1시간	6~10페이지	
7월 3일	1시간	11~15페이지	
7월 4일	1시간	16~20페이지	
7월 5일	1시간	21~25페이지	
:	:	:	

〈행동 계획의 예: 중국어 HSK 4급 기출문제집, 단어장 앱, 유튜브 학습〉

장소	시간	행동 계획(장소 및 시간에 따라 변경)	완료 후 ∨ 표시
카페	30분	25분 독해 문제 풀이, 5분 복습	
지하철	1시간	30분 단어장 앱 학습, 30분 중국어 학습 유튜브 채널 시청	
집	1시간	포모도로 2사이클: 전반 문제 풀이, 후반 단어 암기 및 테스트	
이동 중	10분	청취 문제 듣기 복습(짧은 지문 반복 청취)	
집	주말 4시간	실제 시험과 동일한 시간에 기출문제 1세트 풀고 틀린 문제 정리	
:	:	:	

목표 + 학습 계획 + 행동 계획

- 목표는 무엇인가? 중국어 HSK 4급 합격(목표)

- 무엇을 공부하는가? 중국어 HSK 기출문제집(학습 계획)

- 얼마나 공부하는가? 하루 1시간(학습 계획)

- 어떻게 공부하는가? 스마트폰 끄고 문제 풀고 단어 암기(행동 계획)

학습 계획은 확정해도 행동 계획은 미리 정하지 않아도 된다. 공부한 후에 참고용으로 기록하거나 아예 학습 계획만 적고 구체적인 행동 계획은 생략해도 된다.

학습 계획과 행동 계획을 따로 짜지 않고 합쳐서 관리할 수도 있다. 평소 공부 계획을 꼼꼼하게 짜서 실천하는 학습자라면 통합하는 것을 추천한다. 하지만 회사 업무나 개인 일정이 자주 변경되는 편이라면 학습 계획을 느슨하게 잡고 그날 가능한 시간에 단어장을 공부하거나 이동 중에 스마트폰으로 단어 퀴즈를 푸는 등 미리 구상해놓은 구체적인 행동 계획을 실행한다.

시간과 장소에 맞는 행동 계획

목표가 '영어를 잘하겠다'라는 식으로 두리뭉실하면 구체적인 학습 계획을 잡기 어렵다. 학습 계획이 부실하면 행동 계획은 더더욱 선택하기 어렵다. 막연하게 여유가 생기면 영어 공부를 해보겠다는 마음만 가지고서는 중독성이 강한 모바일 게임, 영화, 웹툰, 유튜브 영상 등의 유혹에서 벗어나기 힘들다. 이런 재미있는 콘텐츠는 행동 계획이 너무나 간단하고 쉽다. 스마트폰을 열어서 해당 앱을 클릭하면 끝이다. 반면 집에 가서 데스크톱 컴퓨터를 켜고 인터넷 강의 사이트에 로그인해서 20분 동안 강의를 듣는 것처럼 성가시고 어려운 영어 공부의 행동 계획은 실천하기가 쉽지 않다.

학습 계획, 행동 계획, 혹은 통합된 학습 행동 계획은 되도록 여유 있게 설정하자. 초기에 의욕이 앞서서 학습 계획을 무리하게 잡지 않도록 유의하자. 하루에 단어 200개 암기나 해외 논문 1편 독파 등과 같이 현실을 무시한 학습 계획을 세우면 아무리 효과적인 행동 계획을 운용하더라도 작심삼일이 아니라 작심당일 포기하게 된다. 중장기 목표에서 크게 멀어지지 않게 일정한 분량을 공부할 수 있도록 스스로 학습 계획을 조절하고 시간과 장소에 따라 적절한 행동 계획을 선택하자.

목표를 세우고 달성하는 일은 어렵다. 하지만 목표를 세우지 않는 사람에게는 달성할 기회조차 주어지지 않는다. 목표와 학습 계획을 정한 뒤에 몇 가지 효과적인 행동 계획을 마련했다면 이제 남은 것은 실행이다.

할 일 목록을 만들고
하나씩 실행하기

학습자가 '제3과 공부'와 같은 막연해 보이는 학습 계획을 적어놓았더라도 머릿속에서 '집에서 1시간 동안 중국어 교재 제3과 본문 반복 청취 및 낭독+단어 암기'라는 구체적인 행동 계획이 있다면 '공부 시스템'이 작동하고 있음을 의미한다. 자신이 진도를 나갈 때 어떤 행동을 해야 할지 알고 있는 경우다. 개인의 취향에 따라 학습 계획만 간단하게 기록해서 공부를 하거나 아니면 행동 계획까지 자세하게 적으면서 학습을 진행할 수도 있다.

어떤 방식을 선택하든 괜찮지만 그날그날의 공부 기록을 남기는 것은 진도 관리에 무척 유리하다. 특히 공부를 새롭게 시작하는 학습자라면 학습 기록을 남기자. 학습 진도 피드백을 통해 공부 분량을 조절할 수 있고 성취감도 느낄 수 있다.

공부 시스템에서 네 번째 단계로 되어 있는 '학습'은 공부를 실제 실행하는 단계다. 공부한 내용을 기록하기 위해서는 이를 위한 도구가 필요하다. 다이어리(플래너)에 할 일 목록을 적고 완료하면 체크 표시를 하는 아날로그 방식도 있고, 할 일 목록 앱 등을 이용해 스마트폰이나 컴퓨터에 학습 계획이나 행동 계획을 입력하고 수행해나가는 디지털 방식도 대중적으로 많이 쓴다. 엑셀이나 워드 등의 문서 작성 프로그램에 할 일 목록을 정리할 수도 있다. 하루나 주간 단위로 계획을 정리하고 완성해 나가거나 교재 한 권을 프로젝트로 삼아 챕터 단위로 할 일 목록을 만드는 것도 가능하다.

공부 기록 시각화하기

개인의 상황과 성향에 따라 택할 수 있는 다양한 선택지가 있다. 대신 어떤 방법을 택하든 결과적으로 공부한 내용이 시각화되어 본인이 어떤 공부를 얼마나 하고 있는지 기록이 남으면 좋다. 장소와 상관없이 공부한 내역을 기록하고 수정할 수 있는 항상 휴대 가능한 수첩이면 충분하다. 거의 온종일 곁에 두는 스마트폰의 앱을 이용해도 좋다.

할 일 목록 실행 예시

7월 23일(화요일)

☑ <u>심리학 교재 20페이지</u>: 두 번 읽고 핵심 정리 및 테스트(1시간)-집

☑ <u>일본어 참고서 제3과</u>: 문제 풀이(20분), 복습(10분)-카페

☐ <u>유튜브 NBC Nightly News 보기</u>(20분)-지하철

(밑줄 친 학습 내용만 간단하게 기록해도 된다.)

공부하기 전에 시간, 장소, 방법을 모두 적는 것도 필요하지만 일정이 변하거나 심리적인 준비가 안 되었을 경우 부정적인 피드백이 생길 수 있다. 게다가 계획을 자세히 적는 것 자체가 부담스럽고 귀찮을 수 있으니 학습을 시작하기 전에는 학습 계획만 최소한으로 적고 여유가 되면 행동 계획을 적자.

스마트폰의 캘린더 앱에 학습 내용을 기록하는 경우에는 시간이 자동으로 기록되기 때문에 편리하다. 또 장소도 이미 공부한 뒤에는 크게 중요하지 않으니 역시 생략해도 된다. 기록하는 의미만 놓고 보면 결국 진도와 시간이 제일 중요하다. 수첩이나 캘린더 앱에 자신이 얼마나 시간을 할애해서 진도를 나갔는지 일주일 정도만 기록해봐도 전체적인 속도와 분량을 조절할 수 있다. 어느 정도 공부가 안정화되었다면 세세한 공부 내용은 생략하고 하루 1시간 본격적인 학습 내용만 기록하자. 물론 이 1시간 학습은 현재 가장 주력해서 공부하는 교재의 진도를 나가는 학습 시간이다.

4

한 권의 교재를
잘게 쪼개서 공부하기

구체적인 행동 계획을 세운 이후에도 정확히 무엇을 어떻게 해야 좋은지 고민은 끝나지 않는다. 공부가 아직 익숙하지 않은 상태에서는 얼마나 공부해야 할지 감이 부족하다. 이 때문에 자신의 능력을 실제보다 높게 평가하고 과다한 분량을 배정해 공부하려는 경향이 있다. 목표를 높게 잡는 것은 중요하지만 달성하기 어려워 스스로 실패했다고 느끼면 의욕이 떨어지고 결국 '나는 공부는 하기 어렵구나'라고 자포자기하게 된다. 무리한 학습 계획으로 생기는 부작용을 고려해서 여유 있게 진도를 설정하고 자신에게 익숙한 행동 계획을 우선적으로 선택해 공부에 대한 심리적인 저항선을 낮추도록 하자.

공부할 교재의 종류와 난이도를 조사해서 책을 선택한 이후에는 되도록 그 한 권에 집중하자. 처음에는 한 권을 끝까지 보는 것이 성취감도 높이고 실력도 올리는 비결이다. 사실 한 권의 교재를 처음부터 끝까지 제대로 보기도 결코 쉽지 않다. 만약 300페이지 분량의 교재라면 하루 1시간 동안 5페이지씩 진도를 나갈 경우 두 달이 걸린다. 매일 1시간 공부를 60일 동안 유지하는 것만 해도 스스로 상을 줘야 할 만큼 대단한 성취다. 굳이 욕심을 부려 같은 기간 동안 교재를 하나 더 추가하면 진도도 반으로 줄고 마지막 페이지까지 가는 시간도 배로 늘어난다. 그만큼 중간에 포기할 가능성이 커진다는 뜻이다. 어느 정도 공부가 몸에 배기 전까지는 하나의 교재에 집중하자.

교재 선택 후, 일일 공부량 쪼개기

매일 공부해야 할 분량을 적당히 나누는 것은 심리적인 부담을 줄이는 데 매우 중요하다. 공부 내용이 너무나 재미있어서 계속 공부하게 만드는 경우는 극히 드물다. 어느 정도 내적인 의무감이나 동기를 가지고 공부하는 상황이 많은데 이때 분량을 나누는 작업을 잘해야 한다.

예전에 꽤 많은 분량의 번역을 한정된 기간에 한 적이 있다. 그때 시간이 날 때마다 해야지 하며 미루다가 제대로 일을 못 해 큰 어려움을 겪었다. 번역을 시작하려고 할 때마다 엄청난 분량에 압도되어 작업 의욕이 떨어진 것이다. 30분이나 1시간 단위로 짬을 내서 하면 되는데 시간이 넉넉할 때 한꺼번에 하겠다고 생각했다가 결국 생각한 만큼의 넉넉한 시간이 안 나 며칠을 허송세월해버렸다. 진도가 느리니 심리적인 부담이 커졌고 결국 마감을 지키느라 엄청나게 고생했다. 미리미리 일정 분량을 나누어놓고 장기간에 걸쳐서 해야 하는데, 머릿속으로만 이해하고 할 일 목록에 적용하지 못했던 탓이다.

현재 전문 분야에서 일하고 있는 한 지인은 작업을 잘게 나눠서 하는 방식에 부러울 정도로 능하다. 한 번은 분량이 꽤 많은 번역을 마치고 원고 감수를 그에게 의뢰했는데 약속했던 마감일이 되기 전에 피드백을 해주었다. 어떻게 그렇게 빨리 끝냈냐고 물었더니 전체를 매일 작업할 분량으로 나누어, 퇴근하고 나면 정해놓은 분량의 감수 작업을 마친 뒤에 다른 일을 했다고 한다. 많은 분량을 눈앞에 두고 부담감만 느끼면서 제대로 진도를 못 나갔던 나의 상황과 대비되었다.

작업을 잘게 나누어서 매일 조금씩 하는 방법은 간단하지만 매우 효율적이다. 공부도 마찬가지다. 공부할 분량을 하루치씩 나누고 우선순위에 따라 정해진 분량을 해치우자.

컴퓨터 화면에 작업할 분량만 불러오기

분량을 나누어 각개격파하는 과정에서 한 가지 팁이 있다. 필자는 공부, 번역, 기사 작성, 글쓰기 등으로 컴퓨터를 많이 사용하는데 작업할 때 심리적인 저항감을 줄이려고 약간의 꼼수를 쓴다. 일단 작업할 분량 전체를 열지 않는다. 되도록 한 번에 작업 가능한 분량만 따로 작업 창에 복사해서 작업한다. 나머지 분량은 확인이 꼭 필요한 경우가 아니면 되도록 보지 않는다. 작업과 관련 없는 웹브라우저 창들은 닫거나 최소화하고 작업 중인 워드프로세서 창의 폭도 줄인다. 이렇게 시각적으로 해야 할 분량만 딱 보이고 다른 요소를 없애거나 최소화시키면 심리적인 저항감도 줄어들고 작업 능률도 올라간다. 하나씩 해치울 때마다 성취감도 맛볼 수 있다.

아무리 막대한 과제나 업무라도 잘게 나눠서 작업하면 부담감이 줄어 할 의욕이 생긴다. 공부도 너무 큰 단위의 학습 분량에 집착하기보다 조금만 노력하면 달성이 가능한 적당한 분량으로 나누어서 시작하자.

5

외부 강제성을
활용하자

공짜로 얻은 책은 시간이 지나도 서재에 예쁘게 자리만 차지하고 있는 경우가 많다. '공짜'라서 그렇다. 내가 돈을 내고 사 온 책은 책값이 아까워서라도 읽게 된다. 나의 금전적인 비용이 투자된 책은 읽어야 할 '강제성'이 부여되는 느낌이 확실히 있다.

나는 마감 시간 효과와 같은 외부 자극이나 강제성이 없으면 어쩐지 태만해져 시간을 낭비하곤 한다. 앉으면 눕고 싶고, 누우면 자고 싶은 것이 인간의 본능이라며 넘기기에는 낭비하는 시간이 너무 많아 조금은 제어해야 할 필요성을 느낀다. 하지만 스스로 제어하기는 쉽지 않아서 외부의 힘을 빌린다. 특히 공부와 관련해서는 외부의 강제성이 주는 강력한 효과를 경험으로 체득했다.

공부 매니저가 없다면

개인 공부 매니저가 따로 있어서 전체 학습 계획도 대신 설계해주고 오늘 해야 할 공부도 매일 친절하게 알려주면 좋겠지만 대부분의 학습자는 스스로 학습 계획을 세우고 실천해야 한다. 대강 무엇을 공부할지 큰 방향을 찾더라도 학습 계획을 세우고 진도에 따라 공부하고 기록하는 것이 귀찮고 복잡하고 시간이 걸리는 작업이라서 기피하기 쉽다.

결국 외적 강제 상황을 만들게 된다. 학원에 등록하거나 학교에 다니는 것이 대표적인 외적 강제성을 동원하는 사례다. 직접 계획을 짜지 않아도 커리큘럼이 이미 짜여 있어 자동으로 진도 관리가 이루어진다. 대학이나 대학원에 등록하면 한 학기 공부할 내용을 과목별 교수님들이 자세히 설계해주니 어떤 교재를 얼마만큼 공부해야 할지 고민하지 않아도 되는 것이다. 게다가 일단 학원이나 학교에 출석하기만 하면 진도가 나가고 과제도 주어지기 때문에 공부에 대한 심리적인 저항선이 낮아진다. 학습 계획과 행동 계획 모두 학원이나 학교에서 챙겨주는 셈이니 열심히 따라가기만 하면 된다.

물론 학원이나 학교의 수업을 제대로 따라가기 위해서는 별도의 노력이 필요하다. 하지만 공부 초보자나 바쁜 학습자는 외부 교육 과정에 등록해서 따라가는 것도 괜찮다.

필자의 경우, 직장에 다니면서 주말을 이용해 카이스트 과학저널리즘 석사 과정을 마쳤다. 매주 토요일 오전 9시에서 저녁 7시까지 점심 시간을 제외하고 온종일 수업을 받는 과정이었다. 처음에는 거의 하루 종일 앉아서 수업을 듣는 것이 고통스러웠지만 몇 주 지나자 인간의 적응력을 무시하지 말라는 듯 어느새 무난하게 수업을 따라가게 되었다. 만약 대학원에 등록하지 않았다면 통째로 허비했을 주말 9시간을 알차게 보냈다는 사실만으로도 뿌듯했다.

퇴근 후에 외국어 학원에 다니기도 했는데 시간을 활용하는 측면에서는 비슷한 이유로 도움이 되었다. 업무가 끝나면 긴장이 풀어져서 시간을 낭비하기 쉬운데 학원에 가서 수업을 들으면 아무래도 공부를 하게 된다. 학원비가 아까워서라도 열심히 공부했던 기억이 난다.

조금은 부담스러운 시간과 돈을 들여 학원이나 학교의 교육 시스템에 참여하는 것이 모든 사람에게 맞는 방법은 아닐 수 있다. 하지만 본인이 외부 강제성을 활용해서라도 뭔가를 배워야겠다는 마음이 절박하다면 나쁘지 않은 선택이다.

6

소소하지만
확실한 보상을 주자

'소확행(小確幸)'은 '소소하지만 확실한 행복'을 의미하는 말로 일상에서 느끼는 작지만 확실하게 실현 가능한 행복을 추구하는 삶의 경향을 말한다. 이 말을 응용하자면, 직장인은 공부를 지속하기 위해서 '소확보'를 만들어야 한다. 큰 보상보다는 매일 '소소하지만 확실한 보상'을 자신에게 주면서 공부하면 동기 부여도 되고 재미도 느낄 수 있다. 1시간 공부를 끝내면 보상으로 카페라테를 사 마시거나 읽고 싶은 만화책을 읽거나 하고 싶은 게임을 하자. 작지만 달콤한 보상을 자신에게 주어야 동기 부여가 된다.

공부와 소소한 보상을 연결하는 전략은 행동 심리학적으로도 유효하다. 학습 활동과 대단하지는 않지만 기분을 좋게 하는 보상 행위가 계속 이어지면 공부에 대한 심리적 부담감을 줄여주고 즐거움을 배가시킬 수 있다. 예전에 운동으로 매일 '걷기'를 했는데 목표한 지점에 도착하면 항상 그 근처 매점에서 음료수를 사 먹었다. 걷느라 땀이 나고 힘이 들어도 조금만 더 가면 마실 수 있는 음료수라는 보상이 계속 걷게 하는 동기가 되었다. 비록 음료수에 불과한 소소한 보상이었지만 동기 부여 차원에서는 '소확보'였다. 공부와 이어지는 기분 좋은 보상은 공부에 대한 긍정적인 피드백을 주어 학습에 더할 나위 없이 보탬이 된다.

외적 보상의 한계

학습 활동과 그에 따른 보상을 연결해 '소확보'라는 동기를 부여하는 것은 좋은 방법이지만 매일 반복하면 금방 싫증날 수도 있다. 예를 들어 1시간 공부를 달성하면 원하는 커피를 마시는 보상을 준다고 하자. 일주일 동안 매일 실행하면 커피를 마시는 보상이 그저 일상의 부분이지 딱히 보상으로 느껴지지 않는 시기가 온다. 이러면 공부로 유인하는 힘이 약해진다. 다른 외적 보상 행위도 유인 효과가 점점 떨어질 수 있다. 보상의 종류를 바꾸면 효과가 회복되지만 그것 또한 한계가 있다.

외적 보상의 한계와 관련해 '과잉정당화 효과(overjustification effect)'라는 개념이 있다. 이미 내적인 동기로 특정한 행동을 한다고 전제하자. 여기에 만약 돈이나 상품 같은 외적 유인을 제공하면 동기 부여가 내부에서 외부로 전환되는 효과가 생긴다. 이 때문에 기존의 내적인 동기 부여 효과는 약화된다. 만약 중간에 보상이 중단될 경우 관련 행동에 대한 흥미가 줄어들거나 없어진다. 이전에 있던 내적 동기 부여가 다시 돌아오지도 않기 때문에 특정 행동을 유인하기 위해서는 계속 외적인 보상을 해주어야 한다. 예를 들어 매일 1시간 인터넷 강의를 들으면서 공부를 하는 직장인이 있다. 취미 삼아 공부를 했는데 어느 날 갑자기 회사에서 인터넷 강의 1시간을 들으면 하루에 5만 원씩 지급해준다고 한다. 내부 유인에서 외부 유인으로 전환된 것이다. 돌연, 회사에서 5만 원의 보상을 없앤다고 한다. 아마 그 직장인은 더 이상 인터넷 강의를 들을 마음이 없어질 것이다. 자발적으로 인터넷 강의를 들으며 공부하려던 의지도 다시 돌아오지 않는다. 5만 원의 외부 유인이 내부 유인마저 파괴해버렸기 때문이다.

이처럼 하루에 1시간 공부하면서 자신에게 주는 보상은 금전 보상처럼 외적으로 너무 강력한 유인이 되어서는 곤란하다. 내적 동기 부여에 영향을 주지 않고 오히려 내적 동기 부여를 강화하는, 그야말로 부담 없고 소소하고 확실한 보상이 좋다.

지적 성취감 자체가 '소확보'

지적 활동이 주는 만족감 자체가 '소확보'가 되는 경우도 많다. 어떤 완결성을 가지는 활동, 즉 목표한 단어 20개를 완전히 외운다든가 50페이지 분량의 책 읽기를 마친다든가 하는 행동이 주는 만족감 자체가 소소하지만 즐거운 보상이 될 수 있다.

영자 신문을 보면 크로스워드(crossword) 퍼즐이 매일 실리는데 기사를 읽기보다 이 퍼즐부터 푸는 고정 독자들이 있다. 퍼즐을 푸는 과정이 주는 즐거움과 공란을 전부 채웠을 때 느끼는 지적 성취감 때문에 즐긴다고 알고 있다. 모바일의 디지털 버전으로 된 크로스워드 퍼즐은 정답을 다 채웠을 때 축하한다는 메시지와 사운드가 나오는데, 이 효과 때문에 퍼즐을 풀기도 한다. 아마도 퍼즐이 완성되었을 때 나오는 축하 메시지와 사운드가 심리적인 '소확보' 역할을 했기 때문일 테다.

공부에 대한 '소확보'는 내적인 동기 부여를 보완하거나 보조해 주는 선에서 찾아보고 적용하자. 물질적인 보상의 한계를 인식하고 내적인 보상에 관심을 갖자. 1시간 공부하면 1시간 취미 활동을 하는 식의 보상도 나쁘지 않다. 매일 보상을 주기가 부담되거나 오히려 부작용이 있다고 생각하면 주간이나 월간 단위의 보상을 주어도 좋다. 주중에 1시간씩 빼놓지 않고 공부를 했다면 주말에는 취미활동에 전념하는 시간을 자신에게 주는 것도 효과적인 '소확보'에 해당한다.

7

꼼수라도 좋다,
공부 기술을 익히자

1시간은 집중해서 공부하면 상당히 빨리 지나가는 시간이다. 한정된 시간을 최대한 활용하기 위해서는 되도록 효율적인 공부 방법을 고심해서 선택해야 한다. 그런데 의외로 어떻게 공부해야 하는지 잘 모르는 사람들이 많다. 공부한 지 오래되어서가 아니라 애초에 어떻게 공부해야 할지 생각해본 적이 없거나 관련 서적을 읽거나 강의를 들어본 경험도 없어서일 것이다.

지금이라도 늦지 않다. 공부법에 대해서 공부하는 것은 부끄러워할 일이 아니다. 아무리 사소한 방법이라도 나에게 도움이 된다면 적용해보자.

알아두면 쓸모 있는 실전 공부법

꼼수라도 좋다. 피상적인 공부법 이론이나 전략도 알아두면 좋지만 바로 효과를 볼 수 있는 구체적인 방법들을 찾아보자. 책, 인터넷, 유튜브 등에도 실전 공부법에 대한 내용이 넘칠 정도로 많으니 두루두루 알아보고 과감하게 적용해보자.

대표적인 공부 기술의 예를 들어보자. 영어로 된 교과서나 참고서를 공부할 때 영어권의 글쓰기 구조를 활용한 읽기를 적용할 수 있다. 중요한 내용을 앞에 두는 두괄식이 기본인 영어권의 교과서를 읽을 때는 처음부터 전체 문장을 순차적으로 읽기보다 핵심 문장 위주로 읽어야 속도와 이해도를 동시에 높일 수 있다. 일단 목차를 주의해서 보고 본인이 읽어야 하는 부분이 어디에 속해 있는지, 무슨 키워드가 많이 쓰이는지 확인한다. 본격적으로 해당 분량을 읽을 때 제목과 부제목을 꼼꼼하게 읽고 모든 문단의 첫 문장만 읽어나간다. 이 방식은 영어 글쓰기에서 한 문단의 핵심인 주제문(topic sentence)은 보통 첫 문장에 온다는 것을 이용하는 속독법의 하나이다. 빠르게 첫 문장만 읽어가도 내용의 상당 부분을 입력할 수 있기 때문에 시험공부를 할 때 유용하다.

이렇게 핵심 문장 위주로 챕터나 일정 분량을 빠르게 읽으면서 중요한 부분을 표시해놓고 다시 처음으로 돌아와 표시해놓은 부분을 찾아 문단 전체를 자세히 읽고 분석한다. 목차와 문단의 핵심인 첫 문장으로 전체적인 맥락과 주요 개념을 잡고 중요하다고 생각되는 부분만 찾아서 집중적으로 공부하는 방식이다. 어떻게 보면 처음부터 우직하게 모든 문장을 읽어나가는 방법에 비해 꾀를 부리는 것 같지만 실제로 해보면 학습 효율이 높다. 처음부터 전체를 순차적으로 공부하는 사람들은 시간이 부족해 중반이나 후반에 있는 내용은 제대로 보지도 못하고 시험을 칠 수도 있다. 이런 오류를 방지하기 위해서라도 중요한 부분을 먼저 공부하고 글의 구조를 최대한 이용하는 선택적 읽기 전략을 추천한다.

연관 키워드 같이 공부하기

외국어 단어를 외우는 데 효과적인 팁을 하나 소개하겠다. 단어는 공부할 때는 예문과 함께 공부하는 것이 좋다고 많이 알려져 있다. 어떤 문맥과 용법에서 쓰이는지를 알아야 제대로 활용할 수 있기 때문이다. 또 다양한 문맥에서 쓰이는 단어를 볼수록 활용할 가능성이 커진다. 하지만 상당수의 단어장은 예문이 풍부하지 않다. 함께 배우는 단어들의 유기적인 관련성도 높지 않다.

어떻게 하면 특정한 주제와 관련된 단어들을 한 번에 같이 공부하고 다양한 예문을 통해서 용법도 익힐 수 있을까? 정답은 특정 사건에 대한 다양한 소스의 기사나 문서를 검색해서 예문 중심으로 공부하는 것이다. 새로운 법안에 대한 논쟁 기사가 있다고 하면 이 기사에 나오는 주요한 단어를 모두 찾아서 정리한다. 같은 내용을 보도한 다른 신문사나 방송사의 기사를 검색해서 읽어보면 쓰인 키워드가 거의 같기 때문에 새로운 단어를 찾아보지 않아도 이해가 된다. 게다가 같은 상황을 기자의 글쓰기 스타일에 따라서 조금씩 다르게 기술하기 때문에 다양한 표현을 배울 수 있다. 주중 5일간 매일 같은 사건에 대해서 보도한 다른 소스의 기사를 공부하면 연관 키워드를 같이 습득하면서 동시에 다양한 문맥에서 사용되는 사례를 볼 수 있다.

공부 방법은 취향과 상황에 많이 좌우된다. 따라서 절대적인 방법은 없다. 하지만 공부법에 대해서 조금이라도 관심을 가지고 구체적인 기술과 원칙을 학습에 적용해보고 유효한 방법을 찾아가는 과정은 누구에게나 꼭 필요하다.

8

미루기 해결책
4가지

《뉴욕타임스》기사에 따르면 20퍼센트의 사람들이 자신의 '미루기 (procrastination)' 증상을 인정한다. 실제로 더 많지 않을까 추정하지만 일단 5명 중 최소 1명은 미루기 '병'에 시달린다는 것이다.

공부와 미루기는 천적 관계다. 공부 잘하는 사람치고 미루기가 습관인 사람은 별로 없다. 반대로 미루기 달인이 공부 잘하는 경우도 찾기 힘들다. 최소한 내 주변에는 없다. 나도 매번 미루기와 힘겨운 줄다리기를 한다.

줄다리기하는 경우는 두 가지다. 한 가지는 반대편에서 당기는 힘이 부담스러울 정도로 강한 경우다. 회사일, 기사 작성, 번역, 책 읽기, 운동, 대학원 수업 준비 등 해야 할 일들이 숨 쉴 틈 없이 계속 쌓인다. 지금 바로 처리하지 않으면 낭패를 보는 단기 과제들 때문에 어쩔 수 없이 오늘의 공부를 미룬다.

줄다리기를 하는 두 번째 경우는 반대편에서 전혀 당기지 않는 경우다. 주말에 특별한 일정이 없다. 바로 처리해야 할 과제도 안 보인다. 그래서 마음을 완전히 내려놓고 온종일 논다. 공부는 자동으로 미뤄진다.

공부와 미루기는 천적

미루기 병의 증상은 대체로 비슷하다. 병이 깊으면 장기적으로 큰 성과를 가져올 공부는 중요하게 생각하지 않고 현재 가장 큰 만족감이나 쾌감을 주는 행동을 한다. 인터넷 서핑이나 영화 감상 등 모든 오락성 활동은 즉각적인 만족감을 주고, 또 그런 여가 활동은 즉각적인 쾌감을 주며 중독성도 높다. 미루기가 반복되는 이유다.

미루기는 자신에게 거짓말을 하는 것과 같다. 과제를 할 시간이 부족한데도 아직 시간이 남았다고 자기 세뇌를 한다. 혹은 자신은 마감 시간이 임박해서야 일을 시작하는 경향이 있으며, 하기만 하면 어떻게든 완성해 충분히 좋은 결과를 얻을 수 있다고 믿는다. 전형적인 '잘못된 긍정론'이다. 변명이고 핑계다. 습관적인 미루기 버릇을 알면서도 여기서 벗어나지 못하는 사람들이 많다. 공부를 하려면 우선적으로 습관성 미루기를 극복해야 한다.

미루기 해결책 4가지

근본적인 미루기 해결책을 찾기는 쉽지 않다. 더욱이 앞으로 스마트폰이나 디지털 기기 및 소프트웨어가 인공 지능을 기반으로 더욱 진화해서 더 많은 시간을 뺏어갈 것으로 예상된다. 그렇다고 해서 디지털 기기를 버릴 수도 없다. 현실적인 해결법은 미루기 행동을 하게 될 때 이를 빨리 의식하고('나는 지금 미루기 모드로 들어가고 있구나'), 해야 할 공부를 하도록 몇 가지 방법을 사용하는 것이다.

① 큰 프로젝트 잘게 쪼개서 압박감 줄이기

최우선은 해야 할 공부를 작게 쪼개는 것이다. 공부를 많이 하면 좋지만 해야 할 분량이 압박감을 주면 심리적으로 부담스러워 미루기 모드로 들어가기 쉽다. 원래 1시간 공부 습관을 만드는 것이 중요하지만 만약 미루기 현상이 반복된다면 30분, 15분 등으로 시간을 줄여서 공부해보자. 큰 프로젝트를 작게 나눠서 각개격파하는 학습 전략이다. 학습 분량이 작으면 목표가 가깝게 보여 긍정적이 된다. 자신이 성공할 가능성이 높은 과제로 보일 때까지 학습 분량과 시간을 줄여서 행동 계획으로 작성하자. 작은 분량으로 다시 정리된 행동 계획은 할 일 목록(To-do List)의 역할을 한다.

② 우선순위 정해서 어려운 과제 먼저 해결하기

미루기는 부담감이 많은 과제를 뒤로 넘기고 지금 하기 수월하거나 편한 과제를 먼저 하려고 할 때 일어난다. 그러니 행동 계획을 짤 때 우선순위를 정해야 한다. 중요도를 살펴보고 오늘 꼭 해야 할 행동 계획을 선정해서 진행하자. 한 가지 팁은 가장 힘들고 어려운 일을 먼저 실행한 후 부담을 덜 느끼는 학습으로 넘어가는 것이다. 만약 영어 공부를 할 때 독해와 청취 그리고 문장 10개 암기를 계획했고, 그중 문장 암기가 가장 부담스럽다면 암기부터 해치우고 나머지 공부를 하는 것이다.

③ 목표치 낮춰서 부담감 덜기

통과 기준을 낮추는 것도 방법이다. 공부를 하기 전에 목표치를 낮게 잡아서 부담을 줄이자. 낮춰진 목표치도 달성이 어렵게 느껴진다고 실망하거나 자책하지 말자. 빈둥거릴 시간을 활용해서 공부를 했다는 것에 만족감을 느끼도록 실제 공부한 양과 질에 대한 평가 기준을 완화하자. 자신에게 지나치게 엄격하면 공부 자체에 흥미를 잃을 수 있다. 이런 부정적인 사이클이 이어지면 미루기의 함정에서 빠져나올 수가 없다.

반대로 미루기에서 벗어나기 위해서는 되도록 긍정적인 학습 사이클이 만들어지도록 평가 기준에 관대해지자. 힘들게 시간을 내서 공부했다는 것 자체가 칭찬받아 마땅하지 않은가?

④ 일단 책상 앞에 앉아 공부 시작하기

'일단 시작' 전략이 있다. 완벽주의 성향을 가진 사람들이 미루기에 잘 빠진다고 한다. 이런 사람들은 공부할 장소와 조건 등이 잘 맞아 떨어지지 않으면 아예 시작을 하지 못한다. 예를 들어 1시간 학습 계획을 세웠는데 완전한 1시간이 확보되지 않으면 아예 공부를 시작하지 않는 것이다. 이런 성향에 해당한다면 '일단 시작'은 특효약이다. 진도, 목표, 시간 등 학습 요소나 조건 등에 개의치 말고 일단 책상 앞에 앉아 공부를 시작한다. 시작이 반이 아니라 전부라고 생각하자. 공부가 잘 안 되어도 자리를 잡고 교재나 책을 보는 행동 자체에 의미를 둔다. 초반에는 효율이 낮지만 시간이 갈수록 조금씩 원래 학습 패턴이 살아나고 속도도 붙는다.

그리스 신화에 나오는 바다의 요정 세이렌(Seiren)은 거부하기 힘든 매혹적인 노랫소리로 지나가는 배의 선원들을 유혹해 죽음으로 이끌었다. 트로이를 함락하고 귀국하던 오디세우스는 세이렌의 유혹에 빠지지 않으려고 자신의 몸을 돛대에 결박해 마침내 죽음의 유혹을 극복했다고 한다. 미루기는 학습자에게 현대판 세이렌의 노랫소리와 같다. 미루기의 치명적인 유혹에 빠지지 않기 위해 오디세우스처럼 의자에 몸을 묶어놓고 공부하는 수준까지는 아니더라도 스마트폰 전원을 끄는 정도의 결단력은 꼭 필요하다고 본다.

◎ **실행 가능하고 구체적인 목표 잡기**

연간 목표로 '하루 1시간씩 공부해 중국어 HSK 4급 시험 합격'이라는 식
의 실현 가능하고 현실적이며 구체적인 목표를 잡는 것이 중요하다.

◎ **학습 계획과 행동 계획 수립**

진도를 설정하는 학습 계획만으로는 부족하다. 실제 주어진 시간과 장소
에서 어떻게 공부할지 구체적인 행동 계획을 마련하자.

◎ **할 일 목록 만들기**

다이어리(플래너)나 스마트폰, 컴퓨터 등을 이용해 할 일 목록을 만들어
학습 기록을 남기자.

◎ **한 권의 교재에 집중하고 많은 분량은 잘게 쪼개서 공부한다**

학습 계획을 세울 때 되도록 한 권의 교재에 집중하자. 진도는 매일 할
수 있는 분량으로 나누어 심리적 부담감을 최소한으로 줄여 학습 의욕을
높이자.

◎ **외부 강제에 기대기**

만약 본인 의지로 실천이 힘들다면 학원이나 학교의 커리큘럼을 따라가는 것도 좋은 방법이다.

◎ **공부 후 소소하지만 확실한 보상 누리기**

공부와 이어지는 '소소하지만 확실한 보상'은 공부를 지속하는 동기를 부여해줄 수 있다. 그러나 그 '소확보'가 너무 강력한 외적 유인이 되어서는 안 된다. 내적인 보상, 지적 만족감도 '소확보'가 될 수 있다.

◎ **실전 공부 기술 익히기**

다양한 공부법을 찾아보고 직접 학습에 적용해보자. 사소한 팁이라도 의외로 자신의 공부에 큰 도움을 줄 수 있다.

◎ **공부와 미루기는 천적!**

근본적인 미루기 해결책을 찾기는 쉽지 않지만 현실적인 해결책 몇 가지가 있다.

① 큰 프로젝트 잘게 쪼개서 압박감을 줄이자.

② 우선순위를 정해서 어려운 과제를 먼저 해결하자.

③ 목표치를 낮춰서 부담감을 덜자.

④ 일단 책상 앞에 앉아 공부를 시작하자.

5장

실전!
외국어 공부

1

잘 모르겠다면
영어로 시작해보자

직장인이라면 영어 공부는 필수다. 최신 정보가 영어로 작성된 경우가 많고, 정보가 곧 경쟁력인 시대에 주요 정보를 빨리 접하려면 영어에 능해야 할 때가 많기 때문이다. 분야를 막론하고 영어를 비롯한 외국어 지식은 자신의 교양이나 전문성을 높이기 위해 요긴하게 활용할 수 있는 '도구'이다.

활용할 수 있는 영어의 수준

영어만 예로 들어봐도 초·중급 수준이면 활용도가 너무 낮다. 최소한 중급 이상의 실력을 갖춰서 영어 원서를 읽거나 국제 뉴스를 보며 최신 정보를 파악할 수 있는 수준까지는 가야 '활용' 단계에 도달했다고 할 수 있다.

직장인으로서 자신의 업무에 필요한 영어로 된 최신 지식이나 전문 정보, 혹은 일반적인 시사 정보를 빠른 시간 내에 흡수할 정도의 실력은 다음과 같다.

영어 활용 수준을 가늠하는 척도

- 영자 신문 주요 기사의 내용을 파악하고 핵심 정보를 요약, 정리할 수 있는가?
- 최신 영문 논픽션(일반 독자 대상의 이슈, 인물, 과학, 기술 등의 서적)이나 현대가 배경인 소설을 읽을 수 있는가?
- 영어 TV/라디오 뉴스의 전체적인 내용을 파악할 수 있는가?

이 세 가지는 영문으로 작성된 정보를 제대로 파악할 수 있는지를 가늠하는 척도다. 이 중 하나라도 제대로 할 수 있다면 학창 시절에 나름 열심히 영어 공부를 한 것이고, 두 가지 정도가 가능하다면 중급이거나 그 이상의 실력을 갖추었다고 평가한다. 물론 세 가지 모두 가능하다면 고급/최고급 수준으로 평가한다.

사실 영어를 업으로 삼는 직업이 아니라면 영문 신문, 책, 라디오 뉴스를 빠르게 보고 듣고 제대로 이해할 수 있는 사람은 많지 않다. 하지만 영어를 공부하는 목적은 '활용'하기 위해서라는 걸 잊지 않고 공부 목표를 세워야 한다.

수험 영어에서 벗어나 나를 위한 영어 공부를

직장 생활과 학업을 병행하는 '샐러던트'로 살아오면서 가장 절실하게 필요하다고 느낀 것이 바로 영어 능력이다. 필자는 학창 시절에 꽤 고생해서 영어를 활용 단계까지 습득해두어 학습 전반에 큰 도움을 얻었다. 하지만 인터넷을 통해 영어로 된 문서와 음성, 동영상 자료가 폭발적으로 증가하면서 생각 이상으로 영어의 유용성이 높아져 정보 습득이라는 실용성에 초점을 맞추어 학습을 계속할 필요성을 느꼈다.

학교 졸업 후 영어가 직접적으로 필요하지 않다고 해서 10년 이상의 시간과 노력을 들여서 공부한 영어를 바로 등한시하는 것은 개인적인 낭비일 뿐만 아니라 사회적으로도 손실이다. 기본 문법 지식과 단어를 어느 정도 공부했으니 수험 영어라는 의무적이고 강제적인 공부에서 벗어나 이제야말로 자신을 위한 영어 공부를 해보자. 대부분의 주요 정보, 특히 최첨단 정보의 경우 영문으로 작성된 자료들이 압도적으로 많다. 그러니 영어 실력은 피상적으로 필요한 것이 아니라 개인의 경쟁력을 높이기 위해서 꼭 갖추어야 할 능력이다.

지금 당장 해야 하는 공부가 있지 않다면, 혹은 자기 계발을 위해 공부를 시작하려는 직장인이라면 가장 활용성이 높은 어학 공부를 추천한다. 범용성이 제일 큰 영어로 시작하는 것이 유리하겠지만 더 흥미로운 외국어가 있다면 무엇이든 좋다. '활용'을 목표로 일본어, 중국어, 프랑스어, 독일어 등 관심 가는 외국어를 공부해보자.

운동선수가 매일 체력 연습을 하는 것처럼 어학 공부는 더 넓고 깊은 공부를 하기 위한 기초체력 훈련과 같다. 꾸준히 하는 만큼 실력이 향상되고 가장 빠르게 '공부 습관'을 만들어주는 분야가 바로 외국어이다.

2

하루 1시간
영어 공부

넉넉하지 않은 여유 시간을 활용해서 공부하고 싶은 학습자의 경우 어학 공부에 얼마나 투자해야 할지 고민이 될 수밖에 없다. 영어를 '제대로' 해야겠다고 지나치게 기준을 높게 잡아도 문제다. 평생을 영어 공부만 하다가 끝날 수도 있다.

영어 공부를 다시 시작한다면?

영어의 활용성에 대해서 자세히 설명했지만 처음부터 그 수준에 도달할 수는 없다. 학교를 졸업하고 직장인이 되어서도 따로 영어 공부를 계속하지 않았다면 알았던 영어 단어도 기억에서 가물가물하고 영문 기사 독해는 시작하기도 전에 포기하고 싶은 생각이 들 것이다. 본인의 영어 수준이 초급, 혹은 초·중급에 있다고 생각한다면 다음과 같은 점을 고려해서 공부를 시작해보자.

① 80~90퍼센트 이해 가능한 교재를 선택하자

성인의 경우 적당한 교재를 찾기가 의외로 쉽지 않다. 다시 문법이나 독해 책을 붙잡고 공부하는 것은 지겨울 테고 그렇다고 초등학생이 보는 영어 동화책은 내용이 유치하게 느껴질 수도 있다. 일단, 영어책 코너에 가서 적당한 회화나 독해 책을 찾아보자. 직접 내용을 살펴보고 80~90퍼센트 정도 자신이 이해할 수 있는 수준의 책을 고르자. 자신이 모르는 10~20퍼센트 정도를 학습하고 익히기에 적합한 교재를 추천한다. 처음부터 어려운 독해집이나 단어장을 고르면 일주일도 못 가서 영어 학습을 포기하게 된다.

② 분량이 적은 교재를 고르자

처음에는 성취감이 매우 중요하다. 두껍고 어려운 책을 골라서 1년간 열심히 마지막 페이지까지 공부를 마친다면 그 희열은 묘사하기 힘들 정도로 클 것이다. 하지만 대다수의 학습자는 그렇게 집중해서 투자할 시간도 없고 별의별 일상의 일들을 감당해야 하는 생활인이다. 그러니 장기전은 어렵다. 처음에는 좀 얇은 교재를 사서 하루에 딱 1시간만 설렁설렁 공부해보자. 빠르면 2~3주 혹은 늦어도 한 달 안에 교재를 훑을 수 있다. 이 단계에서는 매일 (혹은 주중에 가능한 날에 한정해서) 1시간의 학습 시간을 확보하기만 해도 충분하다. 속는 셈 치고 매일 공부해보자. 의외로 1시간은 꽤 길고, 생각보다 빨리 교재의 마지막 장을 덮는 자신을 보게 될 것이다.

③ 자투리 시간에는 미리 정해둔 과제만 학습하자

본격적인 1시간 학습은 집이나 카페 등 정해진 장소에서 하고 평소에 불시에 자투리 시간이 나면 딱 한 가지, 정해둔 과제만 학습하자. 특히 스마트폰을 이용하는 학습을 추천하는데, 이것은 스마트폰으로 무의미하게 시간을 낭비하는 것을 예방하는 효과도 있다. 자투리 시간만 나면 영어 단어장 앱이나 본인이 직접 만든 단어장으로 직접 테스트를 하면서 암기하자. 5분, 10분 단위로 생기는 자투리 시간에 단어를 외우면 주기적으로 복습하는 효과도 있고 지루함도 덜 수 있다.

두 번째로 추천하는 것은 영어 팟캐스트 듣기인데, 영어 학습이나 뉴스 등의 프로그램들이 20~30분 내외여서 듣기 좋다. 개인적으로는 5분 내외의 영어 헤드라인 뉴스 팟캐스트가 자투리 시간에 듣기 좋아서 추천한다.

④ 매일 정해진 공부 시간을 지키자

본인의 감정 상태나 건강 등의 이유로 공부 효율이 떨어지는 날이 있겠지만 가능하면 매일 정해진 시간에 공부하자. 저녁 약속이나 야근 등의 이유로 정해놓은 시간과 장소에서 매일 꾸준히 공부하기가 쉽지 않겠지만 하루 1시간 꼭 책상 앞에 앉아 있자.

소파에 편하게 앉아서 휴대전화로 영화를 보는 것은 공부가 아니다. 책상 앞에 앉아서 본인이 선택한 교재를 펴놓고 노트에 외워야 할 표현과 문장을 적어가면서 공부해야 한다. 진도가 느려도 상관없다. 일단 1시간을 견뎌보고, 만약 너무 무리라고 느껴지면 15분 혹은 20분 단위로 나눠서 공부하고 5~10분 쉬면서 1시간을 채워보자. 일단은 온전히 1시간을 채우는 것이 중요하다.

⑤ 아웃풋 중심으로 공부하자

자신이 공부하기에 큰 무리가 없는 교재를 선택하라는 이유는 뭘까? 아웃풋 중심으로 학습을 해야 하기 때문이다. 10~20퍼센트에 해당하는 새로운 내용을 습득하면서, 알고는 있지만 실제로 활용하기에 어려운 문장과 표현을 아웃풋 중심으로 공부해보자. 예를 들어 문장 5개의 표현을 알아보고 해석하는 데 10분을 썼다면, 책을 덮고 해당 문장을 외워서 말해보는 데 20분을 할애해서 공부하는 것이다. 1시간을 공부한다면 인풋 학습에 20분, 아웃풋 학습에 40분을 할당한다. 정확하게 맞출 필요는 없지만 대략 인풋 학습의 2배 정도 아웃풋 학습을 한다고 보면 된다.

⑥ '능동적 회상' 활용하기

아웃풋 중심으로 영어 공부를 하면 1시간이 상대적으로 길게 느껴질 것이다. 그런데 절대 시간으로 보면 그렇게 많지 않다. 일 년 내내 1시간씩 공부해도 365시간밖에 되지 않기 때문이다. 하루에 12시간씩 공부하는 사람이 딱 한 달 만에 따라올 수 있는 시간이다. 물론 일 년 동안 매일 꾸준히 1시간씩 공부하는 것도 거의 초인적인 의지와 노력이 필요하다. 그렇다 해도 영어 콘텐츠를 익숙하게 받아들이는 단계까지 공부하려면 시간이 절대적으로 부족하다. 1시간 동안 매일 책상 앞에 앉아서 공부하고 자투리 시간은 단어를 외우거나 팟캐스트를 듣거나 했다면 이제 그 외 시간을 어떻게 활용할지 생각하고 실천해야 한다. 현실적으로 가능한 방법은 본인이 공부한 내용을 때때로 떠올려 보는 것인데, 이런 행동을 '능동적 회상'이라고 한다.

온종일 일에 집중하지는 않으니 약간의 여유만 있다면 몇 초라도 최근에 공부한 내용을 떠올려보자. 이때 생각이 잘 안 나더라도 바로 답을 확인하지 말고 조금 고민한 후에 보자. 그러면 '아하! 맞아, 이 표현이었지!' 하는 경험이 되풀이되면서 장기 기억으로 안착할 가능성이 커진다. 한 번에 장기 기억으로 저장되지 않으니 이미 암기했다고 생각되는 표현이라도 머릿속에서 떠올려보고 그려보자. 이렇게 머릿속에서 조합하고 시뮬레이션해 본 문장은 실제 상황에서 활용할 가능성이 매우 높다.

3

외국어 확장 일본어: 2회 반복 수강의 힘

기자 초년기 때 막연한 불안감이 들면서 외국어를 공부해야겠다는 생각이 들었다. 겸사겸사 취미생활을 본격적으로 해보자 싶어 일본어 공부를 시작했다. 때마침 일본 텔레비전 드라마(일드)와 영화가 유행했다. 자막을 보지 않고 대사를 직접 알아듣고 싶었고, 어렸을 때부터 익숙했던 일본 만화책도 원서로 읽고 싶었다. 취미로 시작한 일본어 공부였는데 하다 보니 목표가 필요해서 시험으로 실력을 올렸고, 지금에 와서는 취미생활은 물론 기자라는 직업에 매우 유용한 정보 습득 도구로 일본어를 사용하고 있다.

복습을 대신한 반복 수강

직장에 들어간 이후 일본어 문자부터 공부하기 시작했으니 어떻게 보면 늦은 편이었다. 일단 학원에 등록했는데 특이하게도 단계별로 진도를 나가면서 하루 종일 같은 수업이 반복되는 과정이었다. 아침이나 점심 혹은 저녁에 가도 같은 수업을 들을 수 있었는데, 매일 같은 시간대에 오기 힘든 직장인을 위한 시스템이었다.

유연한 시간대와 더불어 중요한 부분이 바로 반복 수강이었다. 기초 과정은 총 5단계로 5개월 코스였는데 진도를 잘 못 따라가는 수강생을 위해 본인이 원하면 해당 월의 수업을 한 번 더 무료로 들을 수 있게 해주었다. 필자는 각 단계를 일부러 2회 수강해서 5개월이 아니라 10개월에 기초 과정을 마쳤는데, 따로 공부하기 힘든 상황에서 반복 수강은 큰 도움이 되었다.

직장 업무로 바쁜 상황에서 매일 학원에 가는 것 자체가 쉽지 않았다. 예습과 복습도 챙기기 힘들어서 수업이라도 열심히 듣자고 생각했다. 그런데 일본어를 처음 배우는 상황이라 문자와 문법 체계가 익숙하지 않으니 수업에 열심히 참여해도 부족한 부분이 많았다. 하지만 같은 수업을 반복해서 들으니 처음 수강할 때는 잘 이해가 되지 않던 부분이 해결되고 완전하게 외우지 못했던 단어들도 암기할 수 있었다. 같은 내용을 다시 들어서 지루하기보다는 주요 문장을 소리 내어 따라 하는 수업 방식이어서 오히려 부족한 회화 연습을 더 한 셈이다. 한 달이라는 시차를 두고 다시 교재를 읽고 듣고 말하는 연습을 하면서 자신감도 올라갔다.

외국어는 시차를 둔 반복 학습이 관건

5개월 기초 회화 과정을 일부러 반복 수강한 것은 무료였기 때문이
기도 하지만(사실 반복 수강을 무료로 제공하는 학원은 흔치 않다.) 시간이
걸려도 기초를 탄탄하게 다지기 위해서였다. 이 방식은 결과적으
로 많은 장점이 있었다. 매일 1시간 기초 회화 수업을 10개월간 지
속하면서 절대 학습 시간이 늘어났고, 한 달 주기로 복습이 자동화
되면서 핵심 문법과 단어, 문장을 많이 암기하였다. 특히 수업 시간
에 돌아가면서 문장을 읽거나 작문 연습을 했는데 수업을 두 번 들
으니 말할 기회가 많아졌다. 아마도 원래 기한인 5개월 만에 과정을
마쳤으면 수업 내용은 대강 이해해도 문장 읽기 연습은 많이 못 했
을 것이다. 외국어 공부는 원래 시차를 두고 반복하는 훈련이 중요
한데 따로 집에서 복습할 시간이 부족한 학습자들은 여건이 된다면
학원 수업을 반복해서 들어보자.
　인터넷 강의에도 반복 수강 방법을 적용할 수 있다. 20강으로 구
성된 강의라면 처음부터 끝까지 순차적으로 공부하지 말고 하루에
두 개의 강좌를 수강하자. 예를 들어 첫날은 1번 강의를 두 번 본다.
둘째 날은 1번 강의를 복습 차원에서 1.2배속(1.5배속)으로 해서 보
고 난 뒤에 2번 강의를 본다. 셋째 날은 2번 강의를 다시 1.2배속(1.5

배속)으로 빠르게 복습하고 3번 강의를 듣는다. 반복하는 강의의 순서나 주기는 본인에게 맞게 조정하면 된다. 시간이 여유롭지 않은 학습자들은 인터넷 강의도 반복 수강해서 자연스러운 복습의 효과를 얻자.

20회짜리 인터넷 강의 공부 방법 예시

- 1일째: 1강 2회 반복 수강
- 2일째: 1강 1.2배속(혹은 1.5배속) 복습, 2강 수강
- 3일째: 2강 1.2배속(혹은 1.5배속) 복습, 3강 수강
- 4일째: 3강 1.2배속(혹은 1.5배속) 복습, 4강 수강
  ⋮
- 20일째: 19강 1.2배속(혹은 1.5배속) 복습, 20강 수강

4

외국어 확장 중국어:
무조건 중급까지 가야 하는 이유

영어를 기본으로 하고 직장 생활 틈틈이 일본어를 공부해서 두 개 외국어가 어느 정도 자리를 잡았을 때 그다음 배울 외국어는 크게 고민하지 않았다. 중국어를 배워야 한다고 오래전부터 느꼈기 때문이다. 업무상 아시아 지역으로 해외 출장을 갔을 때 중국어를 몰라서 아쉬운 상황이 여러 번 있었다. 한번은 출장 중 식사 자리가 있었는데 5명의 중국어권 기자와 같이 앉았다. 베이징, 상하이, 홍콩, 대만, 싱가포르의 기자들이 중국 공식 표준어인 만다린(Mandarin)어로 대화를 나누는 동안 말이 안 통하는 나는 옆자리의 일본인 기자와 대화를 나눴다. 뭔가 말해보고 싶은데 중국어를 전혀 모르는 상황이라 아주 답답했다.

어학 학습의 기본 전략으로 접근한 중국어

영어와 일본어를 배우면서 외국어 학습법을 계속 실험하고 익혀서 중국어도 비슷한 방식을 적용해 공부했다. 기본 전략은 기초 문법과 단어는 학원에서 배우고 시험을 통해 중급으로 넘어가 이후에는 흥미로운 콘텐츠를 중심으로 언어 지식의 양을 늘리는 것이다. 학원에 다니면서 기초 회화 과정은 일본어와 같은 방식으로 기본을 중시했다. 이번에도 같은 단계를 한 번 더 반복해서 들을 수 있는 과정으로 신청해서 1년 넘게 학원에 다녔다. 학원 선생님들이 왜 다음 단계로 올라가지 않느냐고 타박을 주기도 했지만 그럴 때마다 직장인이라서 따로 공부하기가 힘들어 최대한 학원에서 복습하면서 단계를 올라가려 한다고 설명했다.

기초와 초·중급 과정을 마치자마자 바로 중국어 시험을 준비했다. 일단 4급을 목표로 공부했다. 중국어 신HSK 시험은 4급이 초·중급 수준이고 5급이 중급, 6급은 고급 수준이다. 남들이 공부하는 것과 별반 다르지 않게 기출문제집을 사고 단어를 외우고 학원 강의를 듣고 인터넷 강의도 들었다. 일본어와 비슷하게 4급은 무난하게 통과했다. 초급에서 벗어나 초·중급에 올라가면서 나름 보람도 느꼈고 자신감도 생겼다. 시험에도 합격했으니 좀 쉬어가자고 생각했는데, 회사 일과 이런저런 개인 사정으로 공부를 쉬는 기간이 길어졌다. 결국 상당한 기간이 지난 뒤에 5급 시험 준비를 했더니 이미 예전에 공부한 내용이 가물가물해진 상태였다.

'평생 초급'의 함정에 빠지지 않으려면

큰 실책이었다. 중급 수준에 올라가지 못하고 계속 초급에 머무는 '평생 초급 함정'에 빠진 것이다. 경험에 의하면 외국어는 일종의 '중력의 법칙'이 작용한다. 한 단계를 올라가기 위해서는 고도의 집중력으로 상당한 분량의 공부를 해야 한다. 일단 중급이나 고급으로 올라가면 큰 노력 없이 유지할 수 있지만, 초급에만 머물러 있다면 반복적으로 시간과 노력을 낭비하게 된다. 마치 참고서의 1장만 마르고 닳도록 공부하는 것과 같다.

개인적으로 영어는 직업용으로 사용하고 있으니 실력을 유지하는 데 큰 문제가 없었다. 일본어도 평소에 뉴스, 영상, 만화책을 보고 있어서 어느 정도 유지가 가능했다. 하지만 중국어는 학원 수업과 교재, 시험을 중심으로 공부하다가 초급에서 늘 멈추니 중국어로 된 콘텐츠를 즐길 수가 없었다. 실력도 공부를 중단한 시간과 비례해 수직으로 떨어졌다. 이후 고급인 6급 시험을 준비하면서도 이전과 비슷하게 쉬는 기간이 있었다. 공부를 중단했다가 다시 하려니 에너지가 배로 들고 집중력도 떨어져서 고생했다.

본격적으로 중국어를 공부한다면 회화 과정을 열심히 듣고 나서 힘들더라도 4급, 5급, 6급 신HSK 시험을 순차적으로, 쉬지 말고 연달아 준비해서 통과하는 것이 가장 효율적이라고 생각한다. 고급 단계인 6급을 고득점으로 통과하지 않고 커트라인을 겨우 통과했다면 본인의 실력을 중급으로 보고 합격 여부와 상관없이 점수를 더

끌어올리도록 도전했으면 한다. 중국어의 경우, 많이 쓰이는 표현과 문장을 익히는 측면에서는 공식 시험인 신HSK를 목표로 삼아서 공부하는 것이 효율적이다. 일단 6급을 통과해 고급 단계로 올라가면 혼자 중국 드라마, 영화, 팟캐스트를 공부하고 콘텐츠를 활용하는 것이 비교적 수월해진다. 게다가 이때쯤이면 공부를 조금 쉬어도 다시 초급으로 돌아가지는 않는다.

중급까지 2년은 공부하라

외국어 학습은 실용적인 측면에서 접근하는 것이 옳다. 재미 삼아 초급 수준까지 배워도 나쁘지 않지만, 시간 투자 대비 효과를 보고 싶고 해당 언어로 된 콘텐츠를 즐기고 싶다면 중간에 그만두지 말고 중급을 목표로 삼아서 꾸준히 공부해야 한다.

외국어 학습에서 중급에 도달하는 기간은 개인차가 있지만 그래도 어림잡아서 이야기하면 대략 2년 정도다. 외국어를 배우는 처음 3~6개월은 문법과 인사말을 포함한 기본 구문을 배우고 회화를 통해서 재미를 느끼는 기간이다. 기초 학습 시기를 넘어서 중급으로 가기 위해서는 많은 양의 단어와 구문을 암기하고 실전 문장을 접해봐야 한다. 특히 중급 수준에 도달하기 위해 암기해야 할 단어가 꽤 많기 때문에 학습 분량을 점차 늘려야 2년 안에 원하는 목표에 도달할 수 있다.

시작 단계에서는 하루 1시간씩 공부하면서 기초를 다지고 어느 정도 기본 문법이 익숙해지면 자투리 시간도 해당 외국어 학습에 투자해 공부 시간을 조금씩 늘려가자. 출퇴근 시간을 이용해 단어를 암기하고 조각 시간을 활용해 청취 파일을 듣고 따라 읽기를 하면서 외국어와 친해지려고 노력하자. 본격적으로 1시간 공부를 할 때는 되도록 많은 에너지가 소모되는 독해나 청취, 작문 문제 풀이를 하는 것이 좋다.

　외국어의 경우 하루 2~3시간 정도로 전체 학습 시간을 유지하면 중급에 도달하는 데 대략 2년이 걸린다. 중급 수준의 외국어는 아주 유용한 도구가 된다. 중급에 도달하면 해당 외국어로 된 콘텐츠를 접하면서 점차 고급 단계로 나아가는 전략을 취해보자.

외국어 능력 시험 대비법

국내에서 많이 준비하는 외국어 능력 시험은 영어, 일본어, 중국어다. 언어별 능력 시험의 특성이 있지만 기본적인 대비책은 크게 다르지 않다. 큰 원칙은 다음 3가지다.

외국어 시험 대비 3원칙

- 기출문제 학습으로 기본기 쌓기
- 실전과 유사한 문제 풀이
- 주기적 복습

기출문제 풀이가 가장 중요

우선 영어, 일본어, 중국어 모두 기출문제로 시작할 것을 추천한다. 학습과 문제 풀이의 종합적인 내용으로 이루어진 시험 대비 기본서가 있지만 되도록 기출문제집을 기본 교재로 삼자. 시험에 나오는 문제는 하늘에서 뚝 떨어지지 않고 기존에 나온 문제 유형을 조금씩 변형시키는 경우가 많으므로 기출문제 학습이 가장 중요하다. 일반적인 문제집은 시간이 남을 때만 (그런 경우가 별로 없지만) 시험 전에 재미 삼아 풀어보자.

영어는 토익, 토플 시험용 기출문제집이 시중에 많이 나와 있다. 일본어와 중국어도 급수별 기출문제, 특히 지난 5년간 나왔던 문제를 구해서 풀어보고 핵심 교재로 사용하자. 기출을 약간만 변형시킨 문제집을 사용해도 괜찮다.

기출문제집을 가지고 공부할 때는 처음에는 자기 힘으로 풀어봐서 본인의 실력을 객관적으로 평가하자. 특히 청취에서 잘 듣지 못하거나 독해에서 내용을 파악 못 했는데도 대충 찍어서 맞혔다면 점수에서 감한다. 현재 자신의 진짜 점수를 산출해본 뒤에 공부의 방향을 정하면 된다.

초반에 기출문제를 가지고 시작할 때 별도의 단어장을 구매해야 하는지에 대한 질문을 종종 받는데 단어장을 준비해서 급수별 필수 단어를 외우는 것도 좋은 방법이다. 실제로 학원에 가면 기출문제 단어를 정리해서 학생들끼리 스터디를 하는 경우가 많다. 서로 문제를 내주며 단어를 매일 암기하는 것은 효율적인 방법이다. 주의할 사항은 단어장을 공부하면서 너무 완벽하게 외우려고 하지 않는 것이다. 외국어 단어는 우리가 일상생활에서 매일 쓰지 않으면 시간이 갈수록 자연히 기억에서 흐릿해진다. 한 번에 단어장의 단어를 모두 암기하겠다는 것은 무모한 목표다. 몇 번에 걸쳐 반복해서 공부한다고 생각하고 처음에는 부담 없이 주요 단어들을 살펴보자.

사실 기출문제만 잘 공부해도 영어의 토익이나 일본어능력시험, 중국어 신HSK 시험을 준비하는 데 큰 어려움이 없다. 그만큼 정해진 범위에서 일정한 패턴을 가지고 시험이 출제되기 때문이다.

기출문제로 시험을 대비하는 3가지 방법

기출문제 공부법의 각론으로 들어가 보자.

① 받아쓰기에 준하는 청취 훈련

청취와 관련해서는 영어, 일본어, 중국어 모두 받아쓰기에 준하는 훈련이 필요하다. 일단 청취 문제를 듣고 단어를 모두 잡아내는 수준이라면 문제 풀이는 아주 쉽다. 그러니 기본 청취력을 향상시키기 위해서 받아쓰기에 준하는 학습을 하자. 받아쓰기에 '준하는' 학습이지 받아쓰기가 아니다. 예를 들어 토익 시험을 준비한다면 청취 문제를 하나씩 반복해서 들어보고 귀에 들리는 단어만 말해보거나 적어본다. 그리고 원문을 확인한 다음 모르는 단어는 사전을 찾아서 뜻을 적고 해석을 한 뒤에 직접 써보며 해당 문제를 적거나 타이핑을 하면서 문장을 익힌다. 이때 되도록 문장을 소리 내 읽어보면 좋다. 고전적인 받아쓰기 훈련보다 피로도도 적고 일정 시간 공부하기에도 부담이 적으니 추천한다.

② 실전에 준하는 문제 풀이 훈련

두 번째 학습 원칙은 실전과 유사하게 문제 풀이를 하는 것이다. 기출문제나 모의고사 문제를 가지고 시험장과 똑같이 시간을 배정해서 시험을 진행한다. 만약 시험이 주말 오전에 있다면 실전과 같은 시간대인 주말 오전 시간에 독서실처럼 조용한 장소를 골라 모의 시험을 쳐보자. 이렇게 해보면 실제 시험을 칠 때 문제별 시간 배분이나 답안 작성에 당황하지 않고 임할 수 있고 몸의 컨디션도 최상으로 유지할 수 있다.

모의 시험을 친 이후에는 약간의 휴식을 취한 뒤 틀린 문제를 점검해본다. 느낌이나 운으로 맞힌 문제는 모두 틀린 문제로 표시한다. 그리고 시험을 복기하면서 왜 틀렸는지 간단하게 메모하고 해당 문제에 나온 단어나 표현을 정리하면서 암기하면 된다. 따로 오답노트를 만들기보다 문제집에 바로 표시해 시간을 아끼자. 문제를 왜 틀렸는지, 왜 귀에 잘 들어오지 않았고 함정에 빠졌는지를 기록하면 할수록 다음번에 실수할 가능성이 줄어든다.

③ 최소 세 번, 주기적인 복습

주기적인 복습은 아무리 강조해도 지나치지 않다. 기출문제를 기본 교재로 삼아 공부를 하면서 실전과 같이 모의고사를 치면 수많은 새로운 단어와 문장을 접하게 된다. 단어만 해도 처음에는 감당이 안 될 정도로 많을 것이다. 따로 단어를 공부한다고 치면 그 양이 더욱 늘어난다. 인간의 암기력은 망각과 항상 충돌해서 새로 접한 정보를 주기적이고 반복적으로 복습하지 않으면 쉽게 잊는다. 결국 복습은 필수이므로 복습 시간을 학습에 배정하자. 이상적인 복습 주기는 학습한 직후, 하루 뒤, 일주일 뒤, 한 달 뒤, 3개월 뒤이지만 본인의 학습 상황에 맞춰 최소 세 번 정도는 같은 내용을 본다고 생각하고 학습 계획을 세우자.

집중력과 강제력 부여에 좋은 학원 수강

기출문제가 아니라 온라인이나 오프라인 강의를 중심으로 시험을 준비하는 경우도 많다. 이때 강의를 듣는 것도 중요하지만 강의에서 배운 내용을 철저하게 복습하는 것이 더 중요하다. 학원에서 수강할 때는 일단 수업 중에 집중력이 높아지니 해당 시간에 최대한 많이 듣고 쓰고 암기하자. 어학 시험 준비 측면에서 보자면, 저녁 시간이나 주말을 할애해서 학원에 다니는 것이 상당히 부담스러울 테지만 대신 그만큼 효과를 얻을 수 있다. 일단 적당한 강제성이 있어 혼자 공부할 때보다는 억지로라도 진도를 따라간다. 또한 다른 사람들이 공부하는 모습을 보고 자극을 받기도 하며 선생님께 모르는 부분을 직접 물어보거나 상담을 받을 수도 있다. 일부 오프라인 강의는 녹화해서 스마트폰으로 다시 보면서 복습할 수 있게 해준다. 이 방법이 참 좋지만 나의 경우는 다시 영상을 볼 시간이 나지 않아 이동 시간에는 주로 수업 시간에 기록한 단어를 암기했다.

시간 활용에 좋은 온라인 강의

온라인 강의는 장소에 구애받지 않고 수강할 수 있고 시간 활용 측면에서도 효율적이지만 강의 구매를 한 뒤에 제대로 공부하지 않는 사례가 많다. 좀 비싸지만 6개월이나 1년간 전체 강의를 들을 수 있는 영어, 일본어, 중국어 시험 대비 인터넷 강의 코스가 있다. 이런 코스는 처음 시험을 보는 사람에게는 추천하지 않는다. 차라리 자신이 당장 도전할 시험 강좌 하나만 구매해서 열심히 공부하자. 그 것이 현실적인 선택이다. 인터넷 강의는 학원 강의보다 강제성이 떨어진다. 따라서 본인 일정에서 언제나 최우선으로 배정해서 공부해야 진도가 나간다.

복습 일정을 따로 배정하기 어려울 때는 매일 기계적으로 두 개 과를 수강하는 방법도 있다. 첫 강의를 제외하고 두 번째 강의 시간부터는 무조건 그 전날에 공부한 과를 1.2배속이나 1.5배속으로 빠르게 복습한 뒤에 새 진도를 나가는 방식이다.

외국어 시험은 보통 취업, 승진, 대학원 진학 등의 목적으로 준비하는 사람이 많다. 이런 목적 외에도 본인의 실전 실력 향상을 위해 공부해보자. 공부하는 과정에서 빈도수가 높은 단어나 문장을 많이 접하기 때문에 이를 어떻게 활용하느냐에 따라 시험 대비 공부도 '진짜' 공부가 될 수 있다.

6

시험 목적이 아니라면
무조건 재미있는 콘텐츠로

시험도 잘 이용하면 외국어 실력을 향상시킬 수 있는 방법이다. 특히 단기적인 점수 올리기보다는 자신의 실력을 객관적으로 평가하고 공부의 방향을 정하는 데 효과적이다. 그런데 시험을 볼 필요가 없는 상황이거나 이미 목표 점수를 얻은 이후에는 어떻게 공부해야 할까?

두 마리 토끼를 잡자. 자신이 가장 좋아하는 주제의 콘텐츠를 해당 외국어로 계속 입력해서 습득하는 전략이다. 반드시 학구적인 주제나 업무와 관련된 주제를 선택할 필요가 없다. 물론 본인이 전문 분야나 자신의 전공, 혹은 업무와 직접 관련이 있는 주제를 열정적으로 좋아하고 해당 콘텐츠를 시간 가는 줄 모르고 본다면 문제가 없다. 하지만 그보다 더 흥미롭게 여기는 주제가 있다면 당연히 그것을 수단으로 삼는 것이 지속가능성을 위해서라도 현명하다.

콘텐츠도 즐기고 외국어도 배우고

나는 일본어와 관련해서는 만화책을 많이 봤다. 원래 『명탐정 코난(名探偵コナン)』이나 『짱구는 못 말려(クレヨンしんちゃん)』 등의 만화를 한국어 번역본으로 즐겨 읽었고, 일본어 실력이 중급에 올라서면서 만화책을 원서로 사서 읽기 시작했다. 한글판을 통해 익히 알던 내용이라 원서를 읽는 데 큰 어려움이 없었다. 좋아하는 만화 콘텐츠도 즐기고 동시에 일본어도 익히는 일거양득 전략인 셈이다.

　재미있는 콘텐츠와 외국어를 결합하면 인위적인 '공부'에서 자연스러운 '습득'으로 전환이 가능하다. 성인은 외국어를 학교 수업이나 학원 등에서 '학습'의 하나로 접근하는 경우가 많은데 이런 방식의 공부는 활용하는 데 한계가 있다. 억지로 하는 공부에서 자연스러운 습득으로 전환해야 한다. 아이들은 언어를 배울 때 자연스럽게 습득 과정을 거치는데 이는 감정, 창의력, 시각화시키는 능력, 상상력을 관장하는 우뇌를 많이 사용하기 때문이라고 한다. 성인은 상대적으로 논리와 이성, 분석을 담당하는 좌뇌를 많이 사용해서 언어를 배운다.

　뇌과학 연구자들은 좌뇌와 우뇌의 분할 작용에 대해서 아직 불분명한 부분이 많다고 본다. 좌뇌와 우뇌 모두, 혹은 전체 뇌를 사용해서 사고하고 학습한다고 주장하는 연구도 있다. 따라서 좌뇌, 우뇌 활용과 관련된 내용은 그대로 적용하기에는 무리가 있지만 외국어 습득과 관련해 일부 장점은 취할 수 있다.

감정과 몸으로 습득하기

아이들은 감정을 풍부하게 하는 동화와 사회적인 상호작용을 토대로 모국어를 몸으로 익혀나간다. '무작정 암기'와는 다르다. 아이들이 새로운 표현을 익히는 과정을 잘 관찰해보면 상황에 대한 추측, 추론 그리고 피드백 과정을 포함한 연습을 부단히 한다. 의식하지 않고 자동적으로 해당 표현이 나오기까지 상당한 자기 훈련을 하는 셈이다. 어른들은 이런 과정은 잘 보지 않고 아이들이 쉽게만 습득한다고 생각한다.

　아이들처럼 언어를 감정과 몸으로 습득하지 못하는 성인은 방법이 없을까? 아니다. 성인도 우뇌의 기능을 많이 사용하는 학습법을 병행하면 아이들이 언어를 배우는 방식을 조금은 따라 할 수 있다. 단어를 기계적으로 암기하기보다는 게임, 이야기, 영화, 음악 등 자신이 흥미를 느끼는 주제의 콘텐츠로 감정을 실어가며 배우면 된다. 우뇌와 관련된 시각화, 상상력을 자극하는 방법을 언어 학습에 도입하면 좋은 효과를 볼 수 있으니 텔레비전 드라마나 소설책, 만화책이 좋은 외국어 학습 자료가 될 수 있다. '무작정 암기'는 외국어를 생활 속에서 쉽게 접할 수 있고 또 사용해야만 하는 환경이라면 효과적일지 모른다. 하지만 외국어에 노출되는 시간이나 기회가 그다지 많지 않은 한국에서는 감정의 활용이나 시각화 등의 방법이 효율적이다.

시험과는 별도로 외국어를 공부할 수 있는 상황이라면 자신이 정말 좋아하는 주제를 하나 찾아보자. 재미있는 콘텐츠가 외국어 학습의 지름길로 인도한다.

7

팟캐스트로 멀티태스킹:
추천 팟캐스트 채널

공부와 멀티태스킹은 원래 상극이다. 인간의 집중력은 오래 유지하기 어렵고 조금만 외부 자극이 들어와도 흩어지기 쉽다. '작업 기억'이 오랜 훈련을 통해 특별히 폭넓지 않다면 한 번에 두 가지 일을 동시에 시도하다간 둘 다 제대로 못 하기 십상이다.

멀티태스킹이 학습에 부정적인 영향을 주지만 예외가 있기도 하다. 바로 이동 중 오디오북이나 팟캐스트 듣기이다.

이동 중 팟캐스트 청취 시 주의할 점

따로 시간을 내기 힘든 직장인들이 자투리 시간으로 확보하는 것이 주로 출퇴근 이동 시간이다. 이 시간을 이용해 오디오북이나 팟캐스트로 원하는 학습을 하는 사람이 꽤 많다. 필자도 이동할 때와 산책 시간을 활용하는데 의외로 집중이 잘 되어서 학습 효율이 높다. 그런데 꼭 주의했으면 하는 점이 있다. 듣기에 집중하다 보면 주변의 소리가 차단되어 위험에 노출되는 경우가 있다. 개인적으로도 팟캐스트를 들으며 산책을 하다가 사고가 날 뻔한 경험을 한 뒤로는 각별히 주의하고 있다. 시간 활용도 좋지만 이동하면서 동시에 다른 일에 집중할 때는 안전도 꼭 염두에 두길 바란다.

바빠도 매일 꼭 듣는 '최애' 팟캐스트 콘텐츠

평소에 즐겨 듣는 콘텐츠 목록의 일부를 소개하겠다. 매일 듣는 팟캐스트와 영어, 일본어, 중국어로 국내 뉴스를 전해주는 프로그램 등이다. 필자는 iOS 기기 사용자로 '팟캐스트' 앱을 이용하는데, 안드로이드 기기 사용자는 '팟빵' 앱을 통해 검색하면 찾을 수 있다. (일부는 '팟캐스트 앱'에서만 이용할 수 있다.)

① NPR News

미국 공영 라디오 NPR에서 5분 정도의 핵심 뉴스를 1시간마다 업데이트해주는 팟캐스트다. 영어 학습과 헤드라인 뉴스 정리용으로는 최강의 프로그램이다. 적당한 속도와 깔끔한 발음으로 영어 듣기 연습에 더할 나위 없이 좋다.

② NPR Up First

미국 NPR에서 제공하는 대표적인 아침 뉴스 방송으로 뉴스의 핵심을 간략하게 정리해준다.

③ PBS News Hour

미국 공영 방송 PBS의 간판 뉴스 프로그램으로 유튜브를 통해 비디오로도 볼 수 있고 음성만 따로 팟캐스트로 들을 수도 있다. 핵심 뉴스를 정제된 미국 영어로 들을 수 있어서 꼭 챙겨 듣는 프로그램이다.

④ Global News Podcast

영국 공영방송 BBC에서 정리해주는 주요 뉴스 방송으로 길이가 좀 긴 편이고 유럽 관련 내용이 많지만 주요 뉴스가 몰려 있는 앞부분 위주로 들으면 괜찮다.

⑤ NHKラジオニュ＿ス

　일본 국영방송 NHK에서 업데이트해주는 일본어 뉴스 팟캐스트.
시간대별로 다른 포맷과 내용이 나오지만 전체적으로 일본 시사 뉴
스를 듣기에 가장 무난하다.

국내 뉴스 관련 외국어 콘텐츠

① KBS WORLD Radio News(영어, 일본어, 중국어)

　10~15분 정도로 주요 국내 뉴스를 영어, 일본어, 중국어로 들을
수 있다. KBS World Radio 사이트에 가면 한국어판이 있는데 여기
서 일단 주요 뉴스를 한국어로 읽은 뒤에 언어별 팟캐스트를 들으
면 내용을 유추하며 들을 수 있다. 톱뉴스의 내용이 거의 같으니 하
루에 한 번 정도 영어, 일본어, 중국어 버전의 팟캐스트를 선택해서
듣기를 추천한다.

② 코리아헤럴드 팟캐스트

　매주 정기적으로 코리아헤럴드 취재기자와 원어민 에디터가 시
사 영어를 해설해주는 프로그램으로 주요 뉴스에 나오는 표현을 배
울 수 있다. 필자가 2013년 8월 초 1회 방송을 시작해 지금까지 매
주 방송을 꾸준하게 하고 있는데 국내 영자 신문이 연재하는 최장
팟캐스트 프로그램이다.

③ 키워드 스피킹

다양한 국내 시사 주제의 영어 표현과 문장을 해설해주는 프로그램으로 운영자의 깔끔한 진행과 알찬 내용으로 계속 듣게 되는 방송이다.

④ tbs eFM 新闻在路上(신문재로상)

tbs eFM 라디오를 통해 저녁에 방송되는 종합뉴스 프로그램으로 국내 뉴스를 중국어로 들을 수 있다. 진행자의 중국어 발음이 명확하고 듣기 좋아서 자주 듣는다. 하루 분량이 많아서 30분씩 4편으로 나뉘어 올라오는데 처음 1편만 들어도 좋다.

이상의 리스트는 필자가 현재 구독하고 있는 콘텐츠의 일부인데 외국어 공부와 상관없이 좋은 내용의 콘텐츠가 너무 많아 선택 장애가 올 정도다. 영어나 다른 외국어로 된 관심 있는 분야의 콘텐츠를 찾아서 구독한 뒤에 산책이나 이동 중의 자투리 시간을 이용해서 듣다 보면 외국어 실력도 향상되고 관련 지식도 쌓여서 소소한 재미를 느낄 수 있다.

8

유튜브 제대로 활용하기: 추천 유튜브 채널

전 세계적으로 유튜브의 영향력이 확대되고 있다. 텍스트보다는 영상이 디지털 언어가 되는 시대에 영상 정보의 영향력이 큰 것은 어쩌면 당연하다. 하지만 유튜브는 공부와 관련해서는 양날의 검과 같다. 잘 쓰면 엄청나게 유용한 학습 도구이지만 잘 못 쓰면 무자비하게 시간을 잡아먹는 디지털 블랙홀이기 때문이다.

공부하면서 마주치는 새로운 개념, 역사, 인물 등과 관련된 정보를 찾을 때 인터넷 포털 사이트보다 유튜브에서 검색하는 사람들이 늘고 있다. 실제로 대학 수준의 지식과 정보도 영어 키워드를 조합해 찾아보면 대부분 유튜브에 관련 영상이 있다. 유튜브가 일종의 영상 백과사전의 기능을 하는 것이다.

외국어 공부와 관련해서 말하자면 유튜브에는 학습 차원에서 만들어진 어학 자료가 넘쳐난다. 또 해당 언어 국가의 채널을 직접 구독할 수도 있다. 즉 해외에 가지 않고도 현장감 있는 현지의 영상 자료를 실시간으로 볼 수 있다.

디지털 블랙홀이냐, 유용한 학습 도구냐

이런 장점에도 학습에서는 유튜브가 주요 방해 요소로 작용하기 쉽다. 일단 학습 자료만 선별해서 보기가 어렵다. 검색해서 필요한 자료만 보려고 해도 유튜브의 자동화된 알고리즘으로 추천되는 흥미로운 영상 자료들이 시선을 사로잡기 때문이다. 오락성 채널에 한번 빠지면 필요한 5분짜리 영상을 본다고 접속했다가 눈 깜짝할 새 몇 시간을 유튜브에 허비할 수 있다.

시간 낭비를 방지하기 위해 아예 유튜브 사용을 금지하는 것도 하나의 방법이다. 하지만 유튜브가 제공하는 풍성하고 다양한 자료를 포기하기도 쉽지는 않다. 유튜브에는 유용한 학습 자료와 중독성이 강한 오락성 자료가 혼재되어 있어 스스로 기준을 정해놓고 목적에 따라 적정한 사용 시간을 지키려고 노력하는 방법밖에 없다. 유튜브에 얼마나 쉽게 시간을 빼앗길 수 있는지 의식하고 있다면 자칫 유튜브 사용이 일정 수준을 넘어가려고 할 때 자제력을 발휘할 수 있을 것이다. 물론 몹시 어려운 일이다.

평소 즐겨보는 유튜브 채널

① Kurzgesagt – In a Nutshell

 과학 현상이나 개념을 독특한 애니메이션으로 설명해주는 채널로 영어 공부를 하기에도 좋고 관련 지식을 습득하기에도 좋다.

② Marques Brownlee

 구독자 850만 명이 넘는 IT 전문 리뷰어 채널로 기기 리뷰의 수준도 높지만 영어 표현도 활용하기 좋은 구어체가 많아 즐겨 본다.

③ Dave Lee

 유명한 IT 리뷰어로 노트북 컴퓨터에 대한 평가가 정확하고 영향력도 큰 편이다. 활용하기 좋은 영어 문장도 자주 사용하기 때문에 IT 분야에 관심이 있다면 영어 학습용으로 추천한다.

④ The Daily Show with Trevor Noah

 미국의 대표적인 토크쇼로 진행자인 트레버 노아의 재치 있는 입담을 즐길 수 있다.

⑤ The Late Show with Stephen Colbert

 미국 토크쇼 진행자인 스티븐 콜버트의 익살스러운 모놀로그가 듣기 무난해서 챙겨서 보는 채널이다.

⑥ TBS News

 일본 뉴스 방송 채널로 일부 영상의 경우 자체 일본어 자막이 나와서 어학적으로 활용성이 좋다.

⑦ かおる 카오루 TV

 일본 유튜버가 운영하는 한국에서도 나름 유명한 채널. 주로 한국에 와서 음식을 먹는 방송이 자주 올라오는데 일본어도 배우고 동시에 먹방도 보는 재미가 있다.

⑧ SekineRisa

 일본 유명 뷰티 유튜버가 운영하는 채널로 일본어 공부용으로 가끔 재미 삼아 본다. 일본 화장품과 화장 기법에 관심이 있다면 구독해볼 만하다.

⑨ CCTV LIVE

 중국어 뉴스, 특히 매일 방송되는 저녁 종합뉴스인 뉴스연합보도(新聞联播)를 보려고 구독하는 채널이다. 초반 상당 부분을 중국 정치 뉴스가 차지해서 그다지 재미있지는 않지만 기자들이 사자성어나 HSK 시험에 나올 만한 표현을 종종 사용해서 챙겨 본다. 전체 뉴스 스크립트가 있는 xwlbo.com을 같이 활용한다.

⑩ 美国之音中文网

 '미국의 소리(Voice of America)' 방송의 중국어판으로 미국 주요 뉴스를 표준 중국어로 들을 수 있다. 하루에 한 번 방송되는 美国观察(미국 관찰)을 즐겨본다.

⑪ 중국어 방송하는 애니

 중국어 문장과 표현을 배울 수 있는 중국어 동시통역사의 개인 채널로 깔끔한 발음과 친절한 해설이 마음에 드는 채널이다.

⑫ 크림히어로즈

 귀여운 일곱 고양이와 프로급 성우 실력을 겸비한 발랄한 집사의 채널로 국내 고양이 유튜브 방송 중에서 가장 유명하다. 한국어 방송이지만 구독자의 국적이 다양해 다국어 자막이 붙는 경우가 많아 영어나 일본어 자막을 켜고 보면서 공부를 한다……고 핑계를 대지만 솔직히 힐링 채널로 소개한다.

주기적인 구독 채널 정리

위에 언급한 채널들은 사실 지금 구독하고 있는 채널의 극히 일부다. 유튜브를 보다가 유용한 영상이라고 생각하면 바로 채널 구독 버튼을 누르는 편이고 영어, 중국어, 일본어, 기술, 과학 등 주제별로 재생 목록을 만들어 활용한다. 바쁠 때는 영상에 관한 간단한 설명만 보고 주제별 재생 목록에 일단 저장한 뒤에 시간이 날 때 몰아서 보기도 한다.

유튜브는 요즘 인기 플랫폼으로 자리를 잡아서인지 새로운 채널도 많이 등장하고 좋은 콘텐츠도 폭발적으로 늘어나고 있다. 하지만 워낙 중독성 높은 시간 도둑 콘텐츠가 많아 주기적으로 구독 채널을 정리하는 작업이 필요하다. 물론 유튜브를 반드시 학습이나 지식 검색 목적으로만 쓰라는 법은 없다. 영화나 드라마를 보거나 옛날에 녹화된 라이브 음악을 듣거나 웃고 재미있는 영상을 보며 스트레스를 푸는 공간으로 활용해도 된다. 유튜브를 학습 채널로 쓸지 힐링 도구로 쓸지는 결국 사용하는 사람에게 달려 있다.

* 팟캐스트와 유튜브 채널에 대한 추가 정보는 필자의 홈페이지(www.sungjinyang.com)를 참조할 것.

◎ **영어로 시작해보자**

무슨 공부를 해야 할지 모르겠다면 가장 활용성이 높은 어학에서 시작해
보자. 범용성이 제일 큰 영어로 시작하는 것이 좋지만 다른 외국어가 필
요하고 또 끌린다면 그 외국어로 공부를 시작해도 좋다.

◎ **매일 1시간 영어 공부의 팁**

처음에는 80~90퍼센트 이해할 수 있는 만만하고 분량이 적은 교재를
구입한다. 매일 30분에서 1시간씩 공부해 2, 3주 안에 전체 1회 읽기를
끝낸다. 중요한 점은 인풋, 아웃풋 학습의 비중을 1:2로 배분하기. 출력
중심의 공부가 기억에 오래 남는다.

◎ **반복 수강의 힘**

외국어 학습은 시차를 두고 반복하는 것이 중요하다. 바쁜 일정으로 복
습이 어렵다면 같은 내용의 수업을 한 번 더 듣는 것도 방법이다.

◎ **중급으로 무조건 올라가기**

외국어 학습은 나름의 '중력의 법칙'이 작용한다. 중급 수준에 올라가지 못하면 계속 초급에 머무는 '평생 초급 함정'에 빠진다. 초급 끝내기가 아니라 중급 도달을 목표로 공부하자.

◎ **외국어 능력 시험 대비 3원칙**

① 기출문제 학습으로 기본기 쌓기

② 실전과 유사한 문제 풀이

③ 주기적 복습

◎ **시험이 목표가 아니라면 재미있는 콘텐츠를 즐기자**

자신이 좋아하는 취미나 시간 가는 줄 모르고 즐기는 콘텐츠가 있다면 외국어 학습과 연계하자. 예를 들어 사진을 좋아하면 영어 사진 잡지를 탐독할 수 있고, 추리물을 좋아하면 일본어 추리 만화를 봐도 좋다. 호기심과 상상력을 자극하고 재미를 주는 콘텐츠가 외국어 학습에 강력한 동기를 부여해준다.

◎ **팟캐스트로 외국어 공부하기**

팟캐스트 듣기는 정보 습득과 외국어 학습에 좋은 방법이다. 게다가 이동 중이나 산책 등 자투리 시간을 이용하기도 쉽다. 자신만의 팟캐스트 목록을 만들어보는 것도 좋다.

◎ 유튜브로 외국어 공부하기

유튜브는 잘 쓰면 엄청난 학습 도구이지만 잘 못 쓰면 시간을 잡아먹는 디지털 블랙홀이다. 기준을 정해서 사용 시간을 지키도록 하자. 유용한 영상은 구독하되 주기적으로 구독 채널을 정리하는 작업도 꼭 필요하다.

6장
—

실전!
지적 성장을 위한
공부

1

학교에서 배운 지식의
유효 기간이 끝날 때

학교를 졸업하고 직장에서 일을 시작한 뒤에는 보통 몇 년에 걸쳐서 새로운 지식과 기술을 배운다. 학교에서 열심히 공부했더라도 현장에서 필요로 하고 사용하는 실전 지식과 기술은 거의 새로 익혀야 하기 때문이다. 언론사의 경우는 미디어 관련 전공을 하지 않은 기자도 많은 편인데 큰 문제가 되지 않는다. 대신 입사 후 보통 6개월 정도의 수습 기간을 거치면서 강도 높은 훈련을 받고 이후에도 몇 년간 부서를 순환하면서 취재 요령과 인터뷰 기술, 기사 작성 전반에 관해서 배운다. 대략 3년 이상 기자로 근무를 하면 언론사에서 요구하는 기본적인 지식과 기술을 습득하는데, 분야에 따라 교육 기간이 더 길어질 수도 있다.

내가 대학원 공부를 시작한 이유

직장에 취직해 새로운 일을 배울 때 학교에서 배운 지식과 논리적인 사고 등의 기술을 직간접으로 활용한다. 그런데 10년 정도 근무를 하고 나면 이야기가 좀 달라진다. 그 기간 동안 기자 업무에는 익숙해졌지만 전반적인 교양은 줄어든다는 생각이 들었다. 사회 현장에서 새로운 지식을 접했지만 체계적이지 않아 무언가 허전했다. 경력 기자들이 대학원에 진학해서 주말이나 야간에 공부하는 이유를 알 것 같았다. 개인적으로 10년 정도 지나니 학교에서 배운 지식과 사고력의 유효 기간이 끝났다는 느낌이 들었다.

우여곡절 끝에 대학원에 등록하고 퇴근 후 저녁과 주말에 공부하면서 내적으로 쌓였던 지적 갈증을 풀 수 있었다. 대학원에서 원래 영어 교사들을 위한 커리큘럼인 영어 교수법을 배웠는데, 외국어 습득 이론과 다양한 영어 학습 및 교육에 관련된 새로운 지식을 접할 수 있었다. 영작과 독해를 가르치는 기법을 배우는 것도 재미있었다. 기자로 재직하면서 시사 영어 참고서를 출간했고 영어 학습법에 관한 특강도 여러 번 했지만 이론을 바탕으로 했다기보다 개인적인 경험을 중심으로 정리한 내용을 강의했다. 대학원에서 최신 외국어 습득 이론과 교수법을 체계적으로 배우면서 '내 공부 방식이 이론적으로는 이러한 부분과 연결되는구나'라고 깨닫는 경우가 많았다.

5학기의 대학원 과정을 졸업하면서 이전에 꾸준하게 하락하던 영어 청취력과 회화 실력도 어느 정도 보충했다. 영자 신문 기자이지만 평소에 영어권의 사람을 만나서 인터뷰를 하는 경우가 많지 않으니 영어를 사용하는 시간이 부족한 편이다. 대학원 과정 특성상 수업이 모두 영어로 이루어진 덕분에 자동으로 청취와 회화 연습이 된 셈이다.

또 석사과정에서 매우 중요한 논문 쓰기의 귀중한 경험도 쌓았다. 논문의 주제를 정하고 연구조사를 설계하고 통계 프로그램을 돌리고 학술적인 논리성을 유지하면서 긴 글을 쓰는 작업이 결코 쉽지 않았다. 하지만 교수님과 주변의 도움을 받아 장기간에 걸쳐 연구조사를 하고 글쓰기 프로젝트를 운영하는 법을 배워 논문을 완성하고 나자 말할 수 없는 성취감을 느꼈다.

10년마다 돌아오는 지적 허기

대학원을 마치고 다시 평범한 직장 생활이 시작되었다. 신기하게도 다시 10년에 약간 못 미치는 시간이 지나자 예전에 느꼈던 그 내적인 허전함이 찾아왔다. 날이 갈수록 지식의 양이 줄어드는 것을 느끼면서 다시 공부할 시기가 왔다고 생각했다. 이번에는 저널리즘과 취재를 많이 했던 과학과 정보통신 분야가 중심인 과정의 대학원에 다니게 되었다. 2년간 다시 본격적인 직장인 학생이 되어 공부하면서 처음 대학원에 다닌 때와 마찬가지로 부족한 지식을 보충했다.

직장인이 다닐 수 있는 대학원은 보통 야간 과정이나 주말 과정으로 필자도 야간과 주말 수업을 들었다. 얼마 되지 않는 자유 시간을 공부에 할애하기가 쉽지 않고 바쁜 직장 생활 중에 학교 과제를 챙기고 시험을 준비하는 것은 상당한 부담이었다. 대학원에서 공부하며 다양한 장점을 얻을 수 있었지만 개인적으로는 그에 상응하는 시간과 노력을 투입해야 했다. 개인적인 상황과 목표, 업무의 특성이 저마다 다르기 때문에 모든 직장인에게 대학원이 지적 갈증을 해소할 수 있는 유일한 대안이라고 말할 수는 없다. 다만 어느 정도 직장 생활을 하다가 학교에서 배웠던 지식의 유효 기간이 끝나고 지적 동력이 약해졌다고 느낀다면 야간, 주말 대학원 진학도 좋고 그 어떤 곳도 좋으니 지식을 충전할 수 있는 배움의 터전을 찾으라고 말하고 싶다.

물론 지금은 사회와 기술의 변화 속도가 예전과 비교가 되지 않을 정도로 빨라져서 학교를 졸업하는 순간 기존에 배웠던 지식의 상당 부분이 유효성을 잃어버리는 시대가 되었다. 힘들게 대학원 공부를 시작했더라도 1학기에 배운 내용이 졸업 학기가 되면 더 이상 유효하지 않을 수도 있다. 진정한 의미의 평생 교육이 필요한 시기가 온지도 모르겠다. 주기적으로 자신이 현재 가진 지식이 업무와 전문성 계발에 충분한지 고민해보고, 필요하면 교육의 기회를 찾아보자.

2

대학원 진학 고민과
업무 연계성

재교육을 받는다고 해서 모든 직장인이 캠퍼스를 찾아 공부할 필요
는 없다. 주변을 보면 꼭 학과 과정을 이용하지 않더라도 직장에서
자신의 업무에 대한 전문성을 길러 인정받는 사람을 어렵지 않게
찾을 수 있다. 또 최근에는 국내외 대학과 전문 학원의 온라인 강의
가 보편화되어 다양한 강의를 들으면서 업무상 부족한 부분을 보완
하고 지식을 충전할 수 있게 되었다.

그래도 개인적으로는 대학원 공부를 추천한다. 대학원이 가진 몇
가지 장점 때문이다. 검증된 교수진과 체계적인 프로그램에 따라
오프라인 수업 수강이 가능하고, 과정을 완료하면 정식 학위를 받
을 수 있으며, 동기나 선후배 간의 새로운 인적 네트워크 형성도 기

대할 수 있다. 일을 하면서 대학원 수업을 병행하기가 쉽지 않지만 좀 더 체계적인 공부를 하고 싶은 사람에게 권한다.

업무 전문성 강화냐, 커리어 전환이냐

사회인이 대학원 진학을 고려하는 목적을 보면 대부분 두 가지로 나뉜다. 첫 번째는 현재 속한 직장이나 자신이 하는 업무에서 부족한 부분을 보충하고 전문성을 강화하기 위해서이다. 현재 직업과 연계성이 높은 과정이라면 배운 내용을 업무에 적용할 수 있다. 두 번째는 직장이나 업무 성격 등에 변화를 주는 커리어 전환을 목적으로 하는 경우다. 이 경우는 비교적 새로운 분야를 배우기 때문에 공부의 강도가 높거나 스트레스를 많이 받기도 한다.

업무 전문성을 키우기 위해서 대학원 석사나 박사 과정 공부를 한다고 치자. 회사 일과 학업을 병행해야 하는 경우, 업무 시간과 수업 시간이 부딪힐 경우 어쩔 수 없이 회사에 양해를 구해야 하는 일이 많다. 이때 자신이 대학원에서 배우는 내용과 회사 업무가 연관성이 높다는 점을 잘 설명해야 한다. 또한 학업을 하면서 업무에 지장을 주지 않도록 노력하겠다는 의지도 잘 밝혀야 한다. 실제로 본인이 노력해야 주변의 이해와 도움을 받을 수 있다.

처음부터 커리어 전환을 위한 대학원 진학은 그렇게 많지 않다. 법학대학원이나 통번역대학원처럼 특수 과정을 제외하면 석사 과정을 마쳤다고 해서 전문직으로 이직하기가 현실적으로 매우 어렵기 때문이다. 처음에는 업무와 연관되는 공부를 하다가 여러 상황적 요소가 잘 맞아떨어져서 적성에 맞는 분야를 본격적으로 연구하거나 새로운 직종으로 자연스럽게 이동하는 경우가 더 많다. 차후 박사과정까지 공부해서 학계나 관련 전문직을 목표로 하는 사람들은 중간에 휴직을 하거나 해외 유학을 선택하기도 하는데, 커리어 전환에 따른 기회비용이 크기 때문에 신중하게 결정해야 한다.

진학 전 꼼꼼한 확인이 필수

대학원에서 배우는 내용과 일을 연계하려면 어떻게 해야 할까? 처음 학과 과정을 알아볼 때 정확하게 어떤 내용을 배우는지, 일을 하면서 학업을 병행할 수 있는지를 사전에 확인하자. 이미 해당 대학원 과정에 진학해서 수업을 듣고 있는 선배나 지인에게 꼼꼼히 확인하는 것이 가장 좋다. 수업 방식은 어떤지, 과제는 얼마나 되는지, 시험이나 퀴즈는 어떤 방식으로 보는지, 졸업 요건과 논문이나 프로젝트 등은 어떻게 되는지 상세하게 물어봐야 한다. 이미 해당 과정을 졸업한 선배도 좋고 만약 이런 지인이 없다면 해당 대학원 교수를 찾아가 도움을 구할 수도 있다. 필자도 대학원에 등록하기 전에 전공과 교수님께 문의해서 상세한 답변을 받았다. 적지 않은 시간과 돈과 노력을 투입해야 하는 대학원 공부는 만만치 않은 일이니 신중에 신중을 기해야 한다.

대학원 공부는 시각 확장의 계기로 삼기를

대학원 수업은 기본적으로 학문적인 접근을 우선시하므로 이론과 배경을 다루는 것에서 시작한다. 필자도 업무 전문성을 강화하기 위해 대학원 수업을 선택했다고 말했지만 업무에 직접적인 도움을 받으리라고 기대하지는 않았다. 왜냐하면 대학원에서는 오히려 현재 하고 있는 업무에서 한 발 뒤로 물러서서 이론 공부, 현장 해석, 트렌드 분석, 향후 전망, 특정한 주제에 대한 집중 연구 등을 하기 때문이다. 그러니 대학원 공부는 중장기적으로 시각을 확장하는 기회로 삼아야 한다.

실제 업무에 바로 적용하기는 어렵지만 대학원 공부를 통해 관심 있는 분야의 최신 이론이나 트렌드를 배웠고, 과제와 논문 작성을 하면서 내 의견을 논리적으로 정리하고 표현하는 훈련도 할 수 있었다. 대학원 공부를 한다고 급격한 커리어 변화가 생기는 것은 아니지만 최소한 공부한 만큼의 지적 성장은 이룰 수 있다. 또 시간을 확보해서 공부하는 습관도 갖게 되니 미래를 준비하는 소중한 기회를 얻는 셈이다.

3

동기 부여와
지적 자극

대학원 석사과정을 두 번 거치면서 동기 및 선후배들의 도움을 많이 받았다. 딱히 인맥을 확장하려고 대학원에 들어가지는 않았지만 자연스럽게 수업 과제나 시험 준비를 함께하면서 친해졌고 동시에 동기들이 공부하는 모습을 보면서 많은 자극을 받았다.

같이 공부하는 친구가 주는 지적 자극은 특별하다. 첫 대학원은 영어 교수법 과정이라 동기 중 상당수가 현직 중·고등학교 영어 교사였다. 어느 날 문득 공부가 버겁고 힘겹게 느껴졌을 때 주위를 둘러보니 나와 마찬가지로 일정에 쫓기고 피곤할 텐데도 열심히 수업을 듣고 과제를 챙겨오는 동기들이 있었다. 그들을 보고 자극을 받고 다시 앞으로 나아갈 힘을 얻었다.

선후배, 동기가 주는 지적 자극

학부에서도 선후배나 동기가 여러 측면에서 도움과 자극을 주지만 대학원에서 만난 동기끼리는 추가적인 경험을 공유한다. 아무래도 직장에서 몇 년간 근무하다가 학교에 복귀한 학우가 많기 때문에 각자 자신의 분야에서 쌓은 실전 경험과 노하우가 수업 중에 많이 공유된다. 외국어 습득 이론 수업을 들을 때 현직 영어 교사들이 자신들이 경험한 현장 수업 관련 내용을 많이 공유했다. 대학원 과정은 혼자 알아서 해야 하는 부분이 많지만 막상 주변의 도움이 없었다면 공동 과제를 할 때나 논문을 쓸 때 상당히 힘들었을 것이다.

두 번째 다닌 대학원에서는 필자와 같은 직종인 기자로 근무하는 동기들이 많았다. 신문사, 방송사, 기업에 다니면서 다들 정신없이 바쁜 와중에도 수업을 열성적으로 해오는 모습을 보면 분발하지 않을 수 없었다. 특히 동기들이 가진 전문 지식도 나 자신을 돌아보게 만들었다. 필자의 언론사 기자 경력이 짧지 않지만 동기들이 알고 있는 풍부한 지식이나 상식과 비교하면 너무나도 부족하다고 느끼는 경우가 많았다. 같은 직종에 근무하는 동기들이 보여주는 학구열과 전문성을 접하고 집에 돌아올 때면 피곤하지만 공부를 제대로 해야겠다는 다짐을 자주 했다.

오프라인 효과

교양이나 취미 차원에서 온라인 강좌를 수강하는 것도 나쁘지 않지만 시간과 비용을 좀 더 투입해서 대학원 석사나 박사 과정에 등록하는 이유는 동기나 선후배가 직간접으로 주는 영향력도 배움의 큰 부분을 차지해서이다. 오프라인상에서 실제로 사람들과 상호작용을 하는 것만으로도 뭔가 배우고 자극을 받는 효과가 있기 때문에 만약 대학원 과정에 대해서 고민 중이라면 수업 외의 이런 요소도 고려하면 좋겠다.

학교 선생님은 공부의 방향만 제시할 뿐 공부는 결국 스스로 해야 한다. 개념과 원리를 이해하고 세부사항을 암기하는 것은 결국 본인이 직접 해야 하는 외로운 과정임이 분명하다. 하지만 지식 습득을 넘어서 동기들이 주는 격려와 상호 자극은 공부에 대한 단순한 동기 부여를 넘어서 커뮤니티를 결속시키는 중요한 역할을 한다. 공부는 혼자 하는 것이 맞지만 대학원은 혼자 다닐 수 없다.

4

절대 시간이 필요한
대학원 공부

사회생활을 하다가 대학원 진학을 하면 지적 기반을 보충하고 새로
운 동력을 충전할 좋은 기회를 얻는다. 문제는 석사나 박사 과정을
제대로 마치기가 결코 쉽지 않다는 것이다. 대학원은 입학보다 졸
업이 훨씬 더 힘들다. 직장 업무를 하면서 부족한 시간을 쪼개고 아
껴서 교재를 읽고, 수업에 출석하고, 과제를 제출하고, 논문을 쓰려
면 생각보다 많은 장애물을 극복해야 한다.

기본 30분, 1시간 단위의 공부가 필요

가장 큰 문제는 시간이다. 특히 과정을 무사히 졸업하기 위해서 필요한 절대 시간을 확보해야 한다. 야간이나 주말 대학원 과정은 직장인 학생이 대다수라서 정규 주간 과정보다 학업 부담이 적지만 그래도 학업을 따라가기 위해서는 상당한 시간을 확보해야 한다. 특히 과정 후반에 논문이나 프로젝트를 진행하려면 더 많은 시간이 필요하므로 효율적인 시간 관리가 필수이다.

석사 과정을 두 번 거치면서 직장인 동기나 선후배 기수들이 직장 생활과 학업을 병행하는 과정에서 어려움을 겪는 것을 자주 봐왔다. 일부는 업무가 바뀌거나 부담이 커지면 중간에 포기하기도 한다.

대학원에 등록하면 시간 관리를 하고 싶지 않아도 저절로 하게 된다. 수업 참여와 퀴즈, 과제, 시험 준비를 위해서는 자투리 시간을 최대한 활용할 수밖에 없다. 특히 30분에서 1시간 단위의 시간을 확보해서 과제나 수업 준비를 하는 것이 중요하다. 5분이나 10분 동안 짧게 공부하는 것도 가능하지만 호흡이 너무 짧다. 가능하면 30분이나 1시간을 마련해 학습 시간으로 활용하자.

대중교통을 이용해 출퇴근하는 직장인은 버스나 지하철에서의 시간이 꿀처럼 달콤하고 중요한 공부 시간이다. '군중 속의 고독'을 이용해서 비교적 고도의 집중력을 유지하면서 30분에서 1시간 단위로 공부하기에 좋다. 수업 교재를 읽거나 논문 등을 챙겨서 살펴보는 시간으로 활용하는 것을 추천한다.

주말 시간 활용은 필수

주중 저녁에 수업을 듣는 경우 주말 시간 활용이 매우 중요하다. 주중에는 수업에 참여하는 것만으로도 피곤하고 여유 시간이 부족하기 때문에 주말에 부족한 공부를 해야 한다. 하지만 가족과의 외출이나 여행, 혹은 다른 취미 활동 등이 약속되어 있으면 공부 시간이 없어진다. 이렇게 되면 절대적인 학습 시간이 부족한데 자주 반복되면 대학원 과정을 제대로 따라가기 어렵다.

주말에 수업이 몰려 있는 경우는 반대로 주중 저녁이나 새벽 시간을 활용하는 방법밖에 없다. 직장에서 하루 종일 근무하고 집에 와서 다시 공부하기 위해 책상 앞에 앉는 것 자체가 쉽지 않으니 공부 환경 조성에 노력을 많이 기울여야 한다.

직장인은 저녁이나 주말 수업에 매번 출석하기도 쉽지 않다. 하지만 출석에만 의미를 두고 추가적인 공부를 하지 않으면 자기에게 남는 것도 별로 없을뿐더러 대학원 과정 또한 제대로 따라갈 수 없다. 특히 석사 논문 작성에 상당한 부담이 생긴다.

대학원에 진학해서 새로운 전환점을 찾아보려고 했다면 일정한 학습 시간이 필요하다는 것을 항상 의식해야 한다. 논문 작성에 필요한 시간을 포함해 대학원 졸업에 필요한 전체 학습 시간은 상당히 길다. 우선 일주일 단위로 대학원 공부 계획을 세우자. 스마트폰 캘린더나 일정 기록 수첩에 월요일마다 대학원 공부 시간을 미리 적어두고 이를 지키도록 노력하자. 이런 시간 계획 자체가 시각적으로 보이지 않으면 직장 업무에 정신없다가 항상 허겁지겁 수업에 출석하고 과제나 시험 준비도 제대로 못 하게 된다.

일반적으로 직장인에게 시간 관리가 업무 생산성 향상에 필요 조건이라면 대학원에 등록해서 공부하는 직장인에게 시간 관리는 절대 조건이라고 해도 과언이 아니다.

5

핵심을 찾는
논문 읽기 기술

대학원에서는 논문을 제대로 읽어내는 것이 중요하다. 수업 시간 중에 논문을 읽어야 하는 경우도 많고, 본인의 졸업 논문 작성을 위해서도 연구 주제와 관련이 깊은 좋은 논문을 찾아 내용을 분석하고 인용할 부분을 정리하는 작업도 해야 한다.

대학원에서 공부하지 않더라도 온라인에서 구할 수 있는 무료 논문을 읽고 핵심을 파악하는 기술은 정보력을 높이는 데 도움이 된다. 하지만 논문은 주제나 용도에 따라 내용, 분량, 난이도가 달라 읽기가 쉽지 않다. 수많은 논문 중에서 자신이 필요한 논문을 찾기도 어렵다. 제목을 보면 연관성이 있어 보이지만 막상 찾아보면 관련이 없는 경우도 많다. 결국 다른 논문을 찾아서 내용을 파악하는 지루한 작업을 반복해야 한다. 정작 참고논문을 읽고 공부하는 시간보다 공부할 논문을 찾는 데 허비하는 시간이 더 많을 수도 있다.

논문 구조 파악하기

시간을 절약하고 공부의 효율을 높이기 위해서는 논문의 핵심 내용을 파악하는 능력을 키워야 한다. 논문에서 인용하고 참고할 부분이 있는지를 최대한 빨리 판단할 수 있어야 한다. 이를 위해서 일반적인 논문 구조를 살펴보자.

논문의 구조

1) 논문 제목

2) 초록

3) 서론

4) 이론적 배경

5) 연구 방법

6) 결과 및 논의

7) 결론

8) 참고문헌

논문은 학술 분야의 관행이나 학술지의 요구 사항에 따라 이론적 배경이 생략되거나 결과와 논의를 따로 분리해서 작성되는 경우도 있다. 대다수 논문이 위의 구조에 따라 작성되기 때문에 오히려 이 구조를 이용한 전략적인 논문 읽기가 가능하다.

일단 검색해서 찾은 논문을 목차대로 읽지 않는 것이 기본 전략이다. 순차적으로 논문의 내용을 읽는 것은 시간을 오래 잡아먹을 뿐만 아니라 만약 끝까지 읽었는데 정작 전혀 도움이 되지 않는다면 아까운 시간을 낭비한 것이 되기 때문이다.

논문 읽기 전략

논문의 핵심 내용을 파악하기 위해 가장 효과 있는 읽기 전략을 써 보자.

① 제목, 초록, 키워드 읽기

첫 단계는 제목, 초록, 키워드(초록 밑에 있는 경우가 많다.)를 읽으면서 전체 내용을 파악한다. 만약 초록을 읽고도 흥미로운 내용이 없거나 유용하지 않다고 판단이 되면 과감하게 해당 논문 읽기를 포기하고 다음 논문으로 넘어간다. 제목, 초록, 키워드를 훑어보는 작업은 조금만 익숙해지면 빨라져서 적은 시간 투자로 많은 양의 논문을 검토할 수 있다.

② **결론부터 읽고 서론으로**

첫 단계에서 유용하다고 생각되는 논문은 마지막 부분으로 바로 점프해서 결론을 읽는다. 결론에서는 저자가 연구 결과의 핵심을 요약하고 연구의 의의와 한계를 정리해주기 때문에 논문의 주요 내용을 파악할 수 있다. 만약 결론을 읽었더니 예상과 다른 내용이라면 여기서 해당 논문을 포기하고 다른 논문으로 넘어간다.

두 번째 단계인 결론 읽기를 통과했다면 해당 논문은 제대로 읽어도 괜찮은 논문이라는 의미다. 결론을 읽은 후에 서론으로 가서 저자가 왜 이런 논문을 썼는지 배경과 연구 문제를 확인하면서 읽는다. 그리고 결과 및 논의 부분을 읽는다. 논문에서 연구 문제를 해결하려고 한 실험이나 조사의 상세한 결과와 분석이 여기서 다루어지므로 충분한 시간을 투여해서 읽어야 한다. 결과 및 논의 부분까지 읽으면서 논문의 내용이 마음에 들면 연구 방법과 이론적 배경도 살펴보자.

자신의 논문 준비를 위해 읽는다면 유용하다고 판단되는 부분은 표시하고 따로 메모나 노트에 정리해두어야 한다. 논문에서 인용할 부분을 표시하고 정리하는 작업을 평소에 꼼꼼하게 해두면 나중에 논문 작성 시간이 단축된다.

대학원 수업 시간에 다룰 논문은 위의 읽기 전략과는 상관없이 전체 내용을 꼼꼼하게 읽어가야 한다. 반면 본인의 논문 작성이나 정보 습득을 위해서 논문을 읽는다면 위의 방법대로 읽는 것이 효율적이다.

③ 참고논문, 참고문헌 목록 활용

한 가지 추가적인 팁은 인용이 많이 되는 논문과 참고문헌 목록을 활용하라는 것이다. 여러 학술 데이터베이스를 직접 검색하면서 다양한 논문을 찾아보는 것은 당연히 필요하지만 시간이 오래 걸리고 어떤 논문이 중요한지에 대한 판단이 어려울 수 있다. 좀 더 효율적으로 해당 분야의 주요 논문을 검토하고 싶다면 관련 분야에서 많이 인용되거나 참고목록에 포함되는 논문을 찾아보자. 보통 유명한 연구자가 쓴 인용이 많이 되는 논문이나 좋은 평가를 받은 최신 박사 학위 논문이 여기에 해당한다.

해당 논문 내용도 참고하기에 좋지만 더 중요한 것은 바로 해당 논문 맨 뒤에 있는 참고문헌 목록이다. 이 목록을 보면 주요한 논문과 도서들이 정리되어 있어서 어떤 논문부터 읽어야 할지 알 수 있다. 일반적으로 좋은 논문들은 참고목록이 알짜배기 정보를 포함한 경우가 많으니 대학원 선배나 교수들에게 문의해서 참고논문을 확보해두자.

6

'정보푸어'에서
벗어나는 방법

신문사 기자로 일을 하다 보면 최신 정보를 빠르게 입수한다. 그렇
다. '과거'에는 그랬다. 지금은 기자라고 해서 특별히 더 밀도 높은
정보를 독점적으로 취득하거나 가치 있는 정보를 남들보다 먼저 확
보하지 못한다. 여러 복잡한 이유가 있는데, 결국 요약하면 인터넷
때문이다. 극단적으로 말하면 신문사 기자보다 대학교 1학년 재학
생의 정보 접근권이 훨씬 넓고 깊다.

대학생이 부러운 이유는 '도서관'

평소 대학생을 부러워한다고 말하면 주변에서 정색하고 이유를 물어온다. 대답은 '도서관'이다. 나는 대학생이 내는 등록금의 상당 부분이 바로 이 도서관 이용 권한을 위해서 사용된다고 생각한다. 실제로 학생들이 평소에 얼마나 사용하든 간에 대학은 거대한 서가를 유지하는 동시에 많은 국제 학술지를 온라인으로 구독하는 데 엄청난 비용을 지불하고 있다. 마우스 클릭만 하면 비싼 국내외 논문을 돈 걱정하지 않고 마음껏 검색해서 PDF로 내려받을 수 있다. 검색한 자료를 바탕으로 논문도 쓰고 책을 저술할 수도 있다. 최신 정보를 포함하고 있는 학술지 데이터베이스를 검색하고 관심 있는 정보를 추출할 수 있는 권한은 막강한 잠재력을 가진다.

도서관의 중요성, 특히 국제 학술지들을 읽을 수 있는 정보 접근권이 얼마나 소중한지 오히려 학생들은 느끼지 못하는 것 같다. 해당 분야의 전문가인 교수나 박사급 연구원들이 저명한 학술지에 발표하는 논문을 보면 정보의 가치가 높다. 반면 일반 직장인은 (신문사 기자인 필자를 포함해) 온라인 검색이 구글이나 네이버로 한정되는 경우가 대부분이다. 포털, 블로그, 커뮤니티에 다량의 글이 있지만 정보의 정확도와 수준은 기대 이하인 경우가 많다. 정보가 넘쳐난다고 하지만 정작 써먹을 만한 정보, 돈이 되는 정보는 구하기 힘들다. 정보가 가장 큰 경쟁력인 시대에 정작 직장인은 학생보다 못한 정보 접근권을 가진 소위 '정보푸어'가 되었다.

정보력을 높이는 4가지 방법

여유 자금이 많아서 개별 논문 한 편에 10만 원이 넘는 국제 학술지를 마음 편히 읽을 수 있다면 좋겠지만 그런 사람은 많지 않다. 꼭 논문만 해당되는 것이 아니라 신문, 잡지, 책, 온라인 데이터베이스 등을 모두 포괄해서 현재 자신의 전반적인 정보력이 얼마나 되는지 냉정하게 평가해보자. 만약 정보 채널이 부족하거나 취득하는 정보의 질이 낮다면 이를 개선해야 한다. '정보푸어'에 머물러 있다면 경쟁력이 점점 약해질 것이 분명하다.

처음 대학원에 진학하고는 도서관을 이용할 수 있으니 '정보푸어'에서 벗어나겠다는 생각에 무척 기뻤다. 물론 재학 중에는 도서관에서 책도 대여해서 읽고 온라인으로 논문도 검색할 수 있었지만 졸업 후에 다시 정보력이 급격하게 하락했다. 그렇다고 '정보푸어'가 되지 않기 위해 평생 대학원을 다닐 수는 없다. 학생 신분으로 얻는 도서관 이용 권한과는 상관없이 개인 정보력을 높여야 한다. 이를 위한 몇 가지 방법을 소개한다.

① 전반적인 온라인 검색 능력을 높이자

- 구글과 주요 포털 및 다양한 데이터베이스를 북마크해서 관리하자.
- 구글 검색 요령에 관한 책과 온라인 자료가 많이 있으니 찾아서 실제로 검색에 활용한다.

• 온라인은 정보 검색 노하우를 갖추고 수준 높은 정보가 어디에 있는지, 특정 정보의 질을 어떻게 판단할 수 있는지 아는 사람들이 활약하는 정보의 전쟁터. 정보의 가치를 제대로 판단할 수 없는 상태에서의 웹서핑은 시간 낭비다.

• 주로 논문 작성 시 활용하는 퀘스티아(Questia)와 같은 유료 해외 데이터베이스는 필요할 때만 1~2개월 가입해서 활용해도 된다.

② 종이 신문, 잡지를 1개라도 구독하자

• 국내 종합지, 경제지, 영자지 중 최소한 1~2개는 종이 신문으로 구독하자. 하루 단위로 최신 정보의 흐름을 체크할 수 있고 지면의 구성과 기사의 크기를 기준으로 정보의 중요성을 보는 눈을 키울 수 있다.

• 시사, 경제 주제로 된 국내외 잡지를 1~2개 구독하거나 주기적으로 서점에서 구매해서 읽어보자. 주간이나 월간지는 주제를 다루는 호흡이 신문과 다르다. 신문이 빠른 호흡으로 뉴스를 전해준다면 잡지는 한두 박자 길게 뉴스를 분석하고 전망한다. 좀 더 깊이 있는 시각을 위해서 잡지 구독을 추천한다.

• 포털에서 제공하는 실시간 온라인 뉴스를 보기보다 종이 신문으로 아침이나 저녁에 몰아서 기사를 읽고 부족하다고 생각되는 주제만 필요할 때 온라인에서 검색해서 읽자. 평소에 포털 뉴스는 아예 보지 않고 종이 신문만 여러 개 구독해서 시간을 정해놓고 열심히 읽는 지인이 있는데 보통 사람보다 정보력이 훨씬 뛰어나다.

- 정보력을 강화하면서 영어 공부를 하려면 온라인으로 영어
권 신문이나 잡지를 구독해서 읽자.《뉴욕타임스》,《워싱턴포스트》,
《월스트리트저널》,《이코노미스트》,《뉴요커》 등의 신문과 잡지는
하루에 여러 건의 기사를 제대로 읽으려면 유료로 구독해야 한다.
일본어가 된다면 '천성인어(天声人語)' 칼럼으로 유명한《아사히신
문》같은 일본 종합지나 이슈를 잘 정리하는《주간 다이아몬드》등
을 구독하기를 추천한다.

③ 특정 분야를 정해서 집중적으로 책을 사자

- 김영하 작가가 한 방송 프로그램에서 "책은요, 읽을 책을 사
는 게 아니고 산 책 중에서 읽는 거예요"라고 했는데 동감이다. 책
수집가가 될 필요는 없지만 읽을 시간이 없을까 고민하느라 책 구
입을 미루지는 말자. 실제로 사놓으면 아까워서라도 대충 넘겨보게
되는 책이 꽤 된다.

- 전략적으로 책을 사자. 관심 분야를 한두 개 정해놓고 해당 분
야의 유명 저자 책을 대부분 구매해서 읽어보거나 특정한 세부 주
제의 책을 집중적으로 여러 권 구매해서 읽어보자. 모든 책을 처음
부터 끝까지 꼼꼼하게 읽을 필요는 없다. 정독할 책도 있지만 읽고
싶은 부분만 찾아서 읽거나 혹은 목차와 참고도서 목록만 읽고 처
분하는 책도 있다.

- 산 책을 주제별로 모아놓고 눈에 잘 보이는 곳에 놓아두자. 시
간이 나거나 혹은 시간을 내서 같은 주제의 책을 다양한 속도와 방

법으로 읽고 여유가 된다면 느낌이나 참고할 내용을 정리해두자.

• 동영상 강좌나 인터넷에서 구할 수 있는 단편적인 지식에 비해 책은 오랜 시간과 수고를 아끼지 않고 수집하고 정제한 정보를 저자와 편집자가 체계적으로 정리한 자료이므로 투자 비용 대비 정보의 가치가 높다. 혹시라도 이 책이 도움이 될까, 라고 망설인다면 일단 구매하자. 책 구매는 가성비가 뛰어난 자기계발을 위한 기초 투자이다.

④ 아웃풋을 통해 정보력을 높이자

• 궁극의 정보력을 높이는 비결은 책을 쓰는 것이다. 책을 쓰기 위해서는 하나의 주제에 대해서 연관되는 수많은 자료를 수집해서 읽고 분석해야 한다. 책 쓰기는 장기간에 걸쳐 특정 주제와 관련된 정보를 습득하고 자신의 언어로 일관되게 논리적으로 풀어내는 아웃풋 훈련이다. 책이라는 형태로 아웃풋을 내기 위해서 많은 양의 인풋을 처리하면서 자동으로 정보력이 높아진다.

• 주기적으로 블로그에 글을 쓰거나 트위터나 페이스북에 기사나 책을 읽은 단상을 적어보자. 뭔가 남이 읽을 수도 있는 글을 쓸 때는 눈앞에 있는 자료를 집중해서 읽게 된다. 남이 읽지 않더라도 일기나 개인 저널을 쓰는 행위도 결국 아웃풋에 해당되어 정보 수집 및 분석 능력이 동시에 상승한다.

• 수많은 정보 중에서 무엇이 중요한지, 특히 본인에게 어떤 의미가 있는지 생각할 기회를 가지는 가장 좋은 방법은 자료를 읽은

후 그 내용을 글이나 말로 누군가에게 전달하는 것이다. 아웃풋 기회를 늘려서 이를 뒷받침하는 정보력도 자연스럽게 높이자. 단순하게 정보만 많이 입력할 경우 자신의 것으로 내면화해서 외부로 표현하는 정보의 정제, 압축 과정에 소홀해질 수 있으니 꼭 아웃풋을 전제로 정보력을 강화하자.

◎ **학교에서 배운 지식의 유효 기간은 길어야 10년**

직장 생활이 어느 정도 익숙해지면 새로운 시대에 맞는 지식을 재충전할 때가 왔다고 느껴진다. 대학원 진학이 하나의 방법이다. 대신 여가 시간의 상당 부분을 투자하고 많은 노력을 기울여야 소기의 성과를 거둘 수 있다. 꼭 대학원이 아니라도 셀프 교육에 관심을 가질 필요가 있다.

◎ **대학원 진학과 업무 연계성**

직장인이 대학원 진학을 고려하는 목적은 대략 두 가지다. 하나는 업무 전문성 강화, 또 하나는 커리어 전환이다. 대학원 공부는 업무에 직접 연관된다기보다 중장기적인 시각 확장에 도움이 된다. 우선 수업 방식, 과제의 정도, 시험과 퀴즈, 졸업 요건과 논문 심사 등을 미리 꼼꼼하게 확인해서 직장과 학업을 병행할 수 있는지 알아보자. 회사에는 업무와 학업의 연계성을 충분히 설명한다.

◎ 대학원 진학, 오프라인 강좌의 효과

대학원 과정이나 오프라인상의 모든 강좌는 같이 공부하는 사람들에게 직간접적인 도움과 자극을 받을 가능성이 크다. 동기와 선후배들이 보여주는 전문 지식과 경험도 수업만큼이나 중요한 공부이다.

◎ 대학원 과정은 생각보다 많은 시간 투자가 필요하다

스마트폰 캘린더나 일정 수첩에 주간 단위로 대학원 공부에 할애할 시간을 미리 표시하고 이를 지키도록 노력해보자. 효율적인 시간 관리는 아무리 강조해도 지나치지 않다.

◎ 대학원에서 논문의 중요성

논문은 순차적으로 읽을 필요가 없다. 초록과 결론을 먼저 읽어본 후 필요하지 않은 논문은 과감하게 포기하자. 이후에 서론, 결과 및 논의 부분을 읽으면서 논문의 핵심 내용을 파악하자. 논문을 읽으면서 인용할 부분은 반드시 따로 메모하고 정리해두어야 나중에 논문을 쓸 때 큰 도움이 된다.

◎ 정보가 곧 경쟁력인 시대, '정보푸어'에서 벗어나기

취득하는 정보의 질이 낮다면 이를 개선해야 한다. 다음의 4가지 방법으로 개인 정보력을 높이자.

① 주요 정보의 위치와 종류를 파악하는 등 온라인 검색 능력을 높이자.

② 종이 신문, 잡지를 1개라도 구독하자.

③ 특정 분야를 정해서 집중해 책을 사자.

④ 아웃풋을 통해 정보력을 높이자.

부록

공부 도구
활용

1

생산성을 높이는
GTD 활용법

회사 업무와 개인적인 할 일이 처리되지 못하고 계속 쌓이면 스트레스가 올라가고 생산성은 떨어진다. 폭주하는 프로젝트, 과제, 해야 할 일을 효율적으로 처리하기 위한 몇 가지 방법론이 있는데 그중에서 지금도 유용해서 계속 쓰고 있는 GTD를 소개한다.

GTD는 데이비드 앨런(David Allen)의 『Getting Things Done : The Art of Stress-Free Productivity』라는 책에서 소개한 일 정리법이다. 2001년 처음 출판된 이후 주로 IT 분야에서 근무하는 직장인들이 많이 사용하는데, 필자는 업무와 공부에 모두 적용하고 있다. 한국어판으로는 『쏟아지는 일 완벽하게 해내는 법』(2016 개정판, 김영사)을 참고하기 바란다.

GTD의 5단계 처리 방식

GTD는 수집, 명료화, 정리, 검토, 실행이라는 5단계로 되어 있다. 컴퓨터에서 GTD를 적용할 때는 보통 Inbox(인박스), Projects(프로젝트), Reference(레퍼런스) 3개의 폴더를 만들어서 5단계 처리 방식을 적용한다. 각 단계별로 정교한 일처리 방식이 규정되어 있는데 컴퓨터에서 GTD를 적용하는 전체적인 내용을 간단하게 정리하면 다음과 같다.

① 수집하기(Capture): 업무를 한 곳에 모으기

해야 할 모든 일을 문서 작성 프로그램을 이용해 적는다. 컴퓨터에 Inbox라는 폴더를 만들거나 할 일 프로그램에 있는 Inbox 폴더에 더 이상 생각이 나지 않을 때까지 단기, 중기, 장기 프로젝트나 사소한 심부름까지 본인이 해야 할 일을 모두 적는다. 할 일을 머릿속에서 끄집어내는 것만으로도 심리적인 부담이 상당히 줄어든다. 업무나 공부를 하면서 해야 할 모든 일을 디지털 도구에 계속 적어나가는 '시스템'을 만들기만 해도 GTD를 적용하는 가치가 있다.

② 명료화하기(Clarify): 수집함 비우기

수집 단계에서 Inbox 폴더에 몰아넣은 할 일 목록을 하나씩 검토하면서 '행동 가능한(actionable)' 과제인지 확인한다. 행동으로 옮기지 못할 과제라면 지우거나 Reference 폴더로 이동시킨다. 만약 2분

안에 처리할 수 있는 특정 과제가 있다면 지금 당장 처리해서 완료한다. 2분이 넘게 걸리는 일이라면 일반 체크리스트나 특정 프로젝트 폴더로 이동시킨다.

③ 정리하기(Organize): 올바른 시스템 구축하기

해야 할 일을 적합한 카테고리로 이동시킨다. 현재 진행 중인 모든 과제나 할 일은 Projects 폴더 안에 세부 프로젝트 파일이나 폴더를 만들어 정리하고 처리한다.

④ 검토(Reflect): 항상 기능적이며 최신 정보를 담는 시스템 유지하기

다음 처리할 일을 결정하기 위해서 할 일 체크리스트를 검토한다. 되도록 일주일 단위로 카테고리별 체크리스트에서 할 일을 지우거나 수정 및 추가하면서 업무나 과제를 관리한다.

⑤ 실행하기(Engage): 최선의 행동 선택하기

GTD 시스템으로 정리되고 최적화한 할 일 체크리스트를 기반으로 현재 해야 할 일을 수행한다. 완료한 업무, 과제, 프로젝트는 Reference 폴더로 이동시킨다.

공부와 업무에 GTD 적용하기

GTD 5단계를 이해했다면 실제로 공부나 업무에 적용하는 것은 어렵지 않다. 실제 적용할 때의 행동을 정리하면 다음과 같다.

GTD 적용하기

- 해야 할 일의 목록이 생기면 일단 Inbox 폴더에 넣는다.
- Inbox 폴더의 할 일을 분류해서 Projects 폴더에 카테고리나 프로젝트 단위로 체크리스트를 만들어 정리한다.
- Projects 폴더에 정리된 체크리스트를 보고 지금 해야 할 최적의 일을 찾아서 한다.
- 완료된 프로젝트는 Reference 폴더로 이동시킨다.
- 주기적으로 Inbox 폴더에 있는 할 일을 분류해서 비우고 Projects 폴더에 있는 리스트를 검토해서 업데이트한다.

업무 파일이나 학교 과제를 하려고 내려받은 논문은 일단 모두 컴퓨터에 만들어둔 Inbox 폴더에 모아놓는다. 그리고 여유 시간에 Inbox에 있는 각각의 파일을 분류해서 Projects 폴더 안의 개별 폴더로 이동시켜서 처리한다.

컴퓨터로 처리하기 어려운 할 일 목록은 스마트폰 전용 할 일 목록(To-do List) 앱으로 관리하자.

2

할 일 목록(To-do-List) 앱으로
학습 진도 관리하기

GTD를 활용해서 업무나 공부를 조직화해 처리하려고 할 때 아날로그 방식을 적용하면 장점도 있지만 불편한 점도 있다. 해야 할 일이 이메일이나 카카오톡을 통해 PDF, PPT 등의 디지털 파일로 오는 경우가 있어 매번 수첩이나 플래너를 꺼내서 할 일을 수집하고 정리하기가 쉽지 않다. 해야 할 일의 개수가 작거나 카테고리나 프로젝트가 몇 개 안 될 때는 괜찮지만 가짓수가 늘어나면 아날로그 방식으로 관리하기가 어려워진다. 이런 이유로 할 일 목록 관리의 경우 디지털 방식을 선택했고 현재 '옴니포커스(Omnifocus)'라는 아이폰용 앱을 사용하고 있다.

스마트폰과 안드로이드폰에서 사용 가능한 유료나 무료인 할 일 관리 앱은 다양하다. 몇 개의 무료 앱을 사용해봤고, 브랜드 인지도가 꽤 있는 '띵스(Things)'라는 유료 앱도 사용했다. 계속 기능이 업그레이드된 관련 앱들이 나와서 앞으로 다른 앱을 쓸 가능성도 있지만 아직까지는 학습과 업무를 관리하는 데 불편함이 없어 '옴니포커스'를 사용하고 있다. 이 앱은 할 일 목록을 주제나 태그, 카테고리에 따라 정리해주고 스마트폰의 캘린더 앱과 연동을 시켜주는 기능이 편리하다. 마감 시간이 정해진 할 일은 알람과 연동이 되어 지정된 시간에 미리 확인할 수 있다.

'할 일 목록 앱' 사용의 몇 가지 원칙

스마트폰 앱을 사용해서 할 일 목록을 관리하면서 몇 가지 원칙을 세우게 되었다.

① 할 일 관리 앱 사용 시간을 최소로 하자

할 일 목록 앱을 사용해서 개인 일정을 관리하고 할 일을 세분화해서 GTD 방식으로 처리하는 것은 업무나 학업의 효율을 높일 뿐아니라 자기도 모르게 날짜를 놓치는 실수를 방지할 수 있다. 하지만 자잘한 프로젝트를 많이 만들어서 할 일을 입력하고 관리하는데 시간을 너무 많이 소비하는 것은 좋지 않다. 공부나 업무를 좀더 효율적으로 처리하려고 앱을 사용하지, 앱 기능 자체를 100퍼센트 사용하는 게 목적이 아니다.

② 디지털 시스템에 올인하지 말자

효과적인 개인 공부를 위해 학습 계획에 따른 구체적 할 일을 앱에 입력하고 관리하는 것은 좋지만 디지털 방식만 고집할 필요는 없다. 스마트폰 앱은 많은 할 일을 순서대로 정렬하고 완료한 과제를 체크하고 기록하는 데는 좋지만 매번 앱을 열어서 오늘 할 일 폴더를 확인해야만 해당 사항을 볼 수 있다. 게다가 스마트폰을 자주 열어서 확인하면 웹서핑이나 유튜브와 같은 디지털 방해 요소의 유혹에 빠지기 쉽다. 실제로 공부할 때는 오늘 학습 계획에 있는 할 일만 포스트잇에 적어서 책상에 잘 보이게 붙여놓는 아날로그 방식이 더 효율적이다. 디지털 방식은 자료 관리에 탁월한 효율성을 보이지만 막상 정보를 더 효과적으로 보여주는 것은 포스트잇이나 데스크용 월간 달력과 같은 아날로그 도구다.

③ 프로젝트 개수를 최소화하자

Inbox 폴더에 할 일을 적고 여유가 있으면 Projects 폴더에 있는 개별 프로젝트로 이동시킨다. 빠르게 분류하고 처리하기 위해 〔개인〕, 〔업무〕, 〔대학원〕 등으로 큰 카테고리를 만들어서 할 일을 처리한다. 바쁘면 Inbox 폴더에 있는 할 일을 개별 프로젝트로 옮기지 않고 바로 처리, 완료한다. 분류 작업 자체가 인간의 판단력을 필요로 하고 이 때문에 정신적인 에너지가 소모된다. 에너지 소모를 줄이고 효율을 높이기 위해서 현재진행 중인 중요한 일 1~2개만 따로 프로젝트 파일을 만들어서 분류하고 관리한다.

④ 자동화 옵션을 최대한 활용하자

학교 수업이나 업무 회의는 보통 일정한 주기를 가진다. 이런 경우 할 일을 주기에 맞추어 자동으로 생성해주는 기능을 활용하면 편리하다. 보통 앱에서 제공되는 자동화 옵션을 사용해서 과제를 완료하면 마감이 정해진 다른 새로운 과제가 만들어진다. 예를 들어 매주 화요일 오후 4시가 마감인 에세이 과제를 할 일 목록 앱에 등록한 경우 자동 생성 옵션이 적용되면 이번 주 과제를 마감하고 완료 버튼을 누르는 순간 다음 주 화요일 4시 마감의 새로운 과제가 할 일 목록에 자동으로 등록된다. 참고서 진도의 경우 현재 공부할 부분만 할 일 목록에 나오도록 조절할 수 있다. 1~30과를 입력해 놓고 만약 6과까지 완료했다면 다음 해야 할 7과만 할 일 목록에 보이고 나머지 8~30과는 표시되지 않는다. 그리고 7과를 완료하면 다시 8과만 할 일로 표시되어 나타난다. 앱에 따라 이런 기능이 지원되지 않을 수도 있으니 세부 기능은 앱마다 확인을 해야 한다.

할 일 목록 앱은 GTD 방식을 적용해 공부 진도를 관리하고 세부 할 일을 처리하기에 좋다. 업무상 세부적인 해야 할 일의 숫자가 많지 않거나 현재 공부하고 있는 내용이 복잡하지 않다면 아날로그 방식으로 할 일을 기록하고 관리하는 것도 나쁘지 않다.

3

바인더 노트와
개념 중심 필기법

중·고등학교에 다닐 때부터 노트 필기를 열심히 하는 편에 속했다. 글씨도 깔끔하게 쓰려고 노력을 많이 했고 군대에서는 일명 '차트병'도 잠시 했을 정도로 뭔가 손으로 쓰는 것을 좋아한다. 지금도 디지털 기기에 둘러싸여 있지만 아날로그 노트와 만년필을 자주 사용한다. 필기를 좋아하다 보니 여러 종류의 펜을 수집하고 다양한 크기와 디자인의 노트도 자주 구입한다. 공부에 도움이 된다고 스스로 합리화를 하면서 문구류 제품을 사들이는데, 사실 진짜 중요한 것은 수업을 듣거나 혼자 공부할 때의 필기 방법이다.

일단 노트 필기라고 해서 무조건 아날로그 방식을 고수하지는 않는다. 종이 노트를 사용하기 불편한 상황이라 노트북이나 태블릿으로 필기를 하는 경우도 많다. 특히 PPT 자료를 가지고 수업을 들을 때는 태블릿에 파일을 열어두고 중요한 부분에 밑줄을 치거나 메모를 하는 편이 훨씬 효율적이다. 애플의 아이패드를 사용해서 노트 필기를 하는 유튜브 영상이 많은데, '노타빌리티(Notability)'나 '굿노트(GoodNotes)'라는 노트 필기 앱을 많이 사용한다. '에버노트(Evernote)'도 있다. 이런 노트 필기 앱은 무거운 책을 들고 다니지 않고 스캔해서 태블릿에 담아두거나 따로 전달받은 학습 파일을 저장해 직접 손으로 표시하고 메모하고 필기할 수 있는, 즉 디지털과 아날로그의 장점만을 결합한 서비스이다.

종이 노트에 필기하는 경우 개인적으로 페이지 왼쪽에 구멍이 뚫려 있어 링에 종이를 더 추가하거나 앞이나 뒤로 마음대로 위치를 바꿀 수 있는 바인더 노트를 선호한다. 대학교에서 공부할 때 A4 크기의 바인더를 하나 들고 다니면서 그 안에 여러 과목 필기를 동시에 했는데 필기 내용을 추가하거나 순서를 바꾸는 데 매우 편리했다. 지금은 휴대하기에 적당한 A5(210×148mm) 크기의 바인더 노트를 자주 사용하고 있다.

개념을 시각화하는 아웃라인 필기법

필기를 효율적으로 하려면 어떻게 해야 할까? 교수님의 강의를 농담까지 그대로 받아 적는 필기 방식이 있고(시험 대비용으로는 강의 내용을 최대한 많이 받아 적는 방식이 의외로 도움이 된다.), 핵심 내용만 알아보기 쉽게 키워드를 사용해서 깔끔하게 정리하는 방식도 있다. 가장 일반적인 아날로그 및 디지털 공통의 필기 방식은 아웃라인 필기법으로 큰 제목을 적은 뒤에 중간, 소제목 등 하위분류로 내려가면서 주요 내용을 정리하는 방법이다. 보통 숫자와 기호를 사용하고 왼쪽 들여쓰기로 개념을 시각화한다.

〈아웃라인 필기법〉

공부법 강의

I. 저자: 양승진
   A. 약력: OO대학원 졸업
   B. 특징: 머리 크기가 헐…
   C. 저서
      1) ENIE 영자 신문 활용법
      2) News English Power Dictionary

II. 강의 내용
   A. 학습 주기
      1) 매일
      2) 매주
      3) 생각날 때 가끔

아웃라인 필기법은 마인드맵과 형식이 비슷해서 공부하면서 구조를 파악하기에 좋다. 하지만 매번 필기할 때 세부 항목까지 분류하는 것이 귀찮고 복잡할 수도 있어서 단계를 간소화해서 사용하기도 한다.

〈간소화된 아웃라인 필기법〉

공부법 책 요약	___년 ___월 ___일

1. 저자: 양승진
약력
특징
저서
　– ENIE…
　– News English…

2. 강의 내용
학습 주기
　– 매일
　– 매주

일단 필기를 시작하면 제목이나 주제를 적고 반드시 날짜를 기록한다. 복습할 때 날짜를 기준으로 하는 경우가 많아서 유용하다. 특히 바인더 노트에 필기하면서 종이가 섞이면 날짜를 보고 다시 원래 위치를 찾을 수 있다.

간소화된 아웃라인 필기법은 사실 아웃라인 형식이 거의 느껴지지 않을 정도로 단순하다. 큰 개념에 번호나 기호를 넣어 잘 보이게 적은 뒤에 개별 개념을 아무런 표시 없이 적고 그 내용을 하이픈(–)을 사용해 필기하는 방식이다. 공부 자료를 보면 보통 개념에 대한 설명이 많은 편이다. 이렇게 개념과 설명을 간단하게 적는 것이 복습하기에도 좋다. 결국 공부의 상당 부분은 작은 단위의 개별 개념을 이해하는 것이기 때문이다. 가장 기초단위의 개념과 지식을 최대한 보기 쉽고 간략하게 정리해야 시험에 대비하거나 지식을 축적하는 데 효과적이다.

필기가 목적이 되어서는 곤란

노트 필기를 좋아하지만 필기의 단점도 있다. 사실 노트에 깔끔하게 정리하려는 욕심에 내용보다 필기 자체에 집중해 시간을 낭비한 경우가 많았다. 노트 필기와 관련 도구의 사용이 공부에 도움이 되기는 하지만 주객이 전도되어서는 곤란하다.

　나의 대학 은사님은 매 학기가 시작되기 전에 기존의 강의 노트를 모두 버리고(캠퍼스 어딘가에서 자료를 불태워버리셨다!) 다시 자료를 모아서 매번 완전히 새로운 강의 노트를 만드셨다. 수십 년간 같은 강의 노트를 사용하는 교수님도 봐왔기에 새 강의 노트와 자료를 만들어 학생들에게 배포하는 교수님을 보고 그야말로 충격을 받았다. 노트 필기는 효과적인 공부를 위한 중요한 수단임이 틀림없다. 하지만 계속 쌓이고 정교해지는 지식을 꾸준히 업데이트하고 보완하기 위해서는 언제든 아예 새로 쓸 수도 있다는 자세가 필요하지 않을까.

4

알짜배기 자료만
클라우드 서비스에 보관하자

공부를 하려면 인터넷 서핑이나 온라인 도서관을 검색해 자료를 모으는 작업이 반드시 필요하다. 하지만 신문 기사, 논문, 발표 자료들이 각각 다른 형식이어서 통합적으로 관리하기가 쉽지 않다. 자료 수집과 관리를 모두 아날로그 방식으로 할 때는 클리어 파일이나 바인더에 문서를 넣으면 대부분 작업이 완료되지만 디지털 자료는 종류에 따라 다른 관리 체계가 필요하다.

필자는 텍스트 위주의 자료를 검색, 보관, 관리하기 위해서 에버노트라는 클라우드 기반 노트 서비스를 사용한다. 단순 텍스트 파일이 아닌 워드프로세서에 저장된 텍스트 자료나 영수증, 증명사진 등의 개인용 사진 파일, PDF 자료, PPT 발표 자료일 경우 '드롭박스(Dropbox)'라는 자료 저장 서비스를 사용한다. 물론 에버노트도 사진 파일이나 스캔 문서, PPT 파일 저장이 가능하지만 필요에 따라 자료 내용을 수정하는 것이 불편해서 드롭박스에 보관한다. 드롭박스는 클라우드 서비스의 일종으로 외장 하드와 같은 기능을 하므로 개인 문서 파일을 모두 저장하고 최신 수정본을 여러 디지털 기기에 동기화시켜서 사용하는 데 최적화되어 있다.

디지털 쓰레기통을 만들지 말자

필자의 경우 에버노트 무료 버전은 최대 2개의 기기에 전용 앱을 설치할 수 있어서 아이폰과 아이패드에 설치하고, 회사와 집에 있는 데스크톱, 노트북 컴퓨터에서는 웹브라우저에서 에버노트에 접근해 사용한다. 에버노트를 사용한 지 꽤 오래되었는데 이 서비스의 장점이자 단점은 편리하게 웹 스크래핑을 할 수 있다는 것이다. 자신의 웹브라우저에 관련 확장 버튼을 설치한 뒤 웹서핑을 하다가 개인 파일로 저장하고 싶은 자료가 있으면 버튼을 누르는 것만으로 바로 에버노트에 저장할 수 있다. 문제는 온라인에 있는 텍스트 자료를 쉽고 빠르게 저장할 수 있다 보니 필요 이상으로 웹 스크래핑을 하게 되고 중요도가 떨어지는 자료가 쌓여서 에버노트가 자칫 '디지털 쓰레기통'으로 변할 수 있다는 점이다.

에버노트와 비슷한 필기 및 자료 저장 기능을 가진 프로그램으로 마이크로소프트의 '원노트(OneNote)'와 구글의 '킵(Keep)'이라는 서비스가 있는데 핵심 기능은 크게 차이가 없으니 꼭 에버노트를 사용할 필요는 없다. 대신 수업 필기, 메모, 온라인 문서, 뉴스 기사를 무작정 이런 서비스에 던져놓지 않는 것이 중요하다. 에버노트의 경우 정보 가치가 떨어지는 문서를 대량으로 스크랩하지 않으려고 일부러 원클릭 버튼을 제거하고 필요한 자료의 중요한 부분만 '복사'해서 '붙여넣기' 해놓는 사용자도 있다.

나도 예전에는 에버노트에 자료를 대량으로 저장하면서 수많은 폴더를 만들고 태그도 넣어가면서 자료 수집에 공을 들였다. 그런데 시간이 지나고 보니 상당수가 애초에 수집할 필요가 없을 정도로 활용도가 떨어지는 자료였다. 언젠가 쓰겠지 싶어서 자료를 수집하고 분류해놓는 것은 오히려 가치 있는 자료가 무엇인지 나중에 구별하기 힘들게 만들 수 있다.

또 원클릭으로 쉽게 수집한 다량의 디지털 자료를 매번 하위 카테고리를 만들어 분류하고 태그를 붙여 관리하는 것은 시간 낭비다. 애초에 자료 분류를 따로 할 필요가 없도록 1~3개의 폴더만 만들어서 저장하고 필요한 자료는 검색으로 찾아서 쓰기를 추천한다. 대신 텍스트 자료를 에버노트에 저장할 때는 검색에 잘 잡히도록 제목란에 주요 키워드를 모두 넣는다.

드롭박스 폴더 관리 팁

나는 컴퓨터의 문서 폴더를 거의 사용하지 않고 드롭박스를 기본 문서 및 개인 파일의 저장 공간으로 사용한다. 드롭박스의 핵심 기능은 아이폰, 아이패드, 회사 데스크톱 컴퓨터, 개인용 노트북 등 어디에서나 동일한 최신 파일을 수정할 수 있는 동기화 옵션이다.

드롭박스의 내 문서 공간은 GTD 시스템에서 설명한 자료 관리 원칙에 따라 폴더를 만들어 운용하고 있다. 가장 상위 폴더는 Inbox, Projects, Reference 3개가 있고 Inbox 폴더에는 분류할 시간이 없어 일단 임시로 저장한 파일들을 넣고, Projects 폴더는 현재 진행 중인 공부, 업무, 개인 과제 등의 하위 폴더를 만들어 관련 파일을 모두 저장한다. 완료된 프로젝트는 Reference 폴더로 이동시켜 필요할 때 검색해서 찾을 수 있도록 한다.

새로운 파일을 저장할 때 Inbox 폴더에 넣었다가 나중에 따로 분류하는 작업은 성가시니 되도록 정해진 폴더를 찾아서 바로 넣거나 새로 폴더를 생성한다. 평소에는 Projects 폴더만 열면 진행 상황을 모두 파악할 수 있어서 심리적으로 부담이 적다. Reference 폴더의 용량이 늘어나서 저장 공간이 부족해지면 잘 쓰지 않는 폴더를 집에 있는 데스크톱 컴퓨터로 옮긴다.

에버노트는 중요한 텍스트 파일을 저장하거나 수업 내용, 메모, 단상을 필기(note-taking)하는 용도인 반면 드롭박스는 그야말로 개인의 각종 파일을 저장하는 창고의 기능을 한다. 용량이 큰 동영상

파일이 아니라면 되도록 드롭박스에 저장하고 관리하는데 최근에
는 모바일 기기에서 드롭박스와 연동되어 저장된 파일을 메일로 보
내거나 카카오톡에서 공유하는 용도로도 많이 사용한다. 구글 드라
이브, 마이크로소프트 원드라이브 등 드롭박스와 경쟁하는 서비스
들이 있는데 드롭박스와 같은 자료 저장 및 동기화 기능을 지원하
니 개인 용도와 가격 및 기능을 고려해서 선택하면 된다.

5

전자책과
오디오북이 만나면

책 읽기는 가장 기본적인 지식과 정보 습득 방법이다. 공부도 읽는 행위와 밀접하게 관련되어 있다. 독서의 의의, 방법과 기술에 관한 책이 꾸준히 출간되는 것을 보면 새삼 책 읽기의 중요성을 실감한다. 독서와 연관해서 종이책과 전자책의 장단점에 대한 논의가 계속되고 있는데, 필자는 둘 다 유용하다고 생각하고 실제로 종이책과 전자책을 병행해서 읽고 있다.

종이책은 물리적으로 책을 넘기면서 내가 지금 책의 어느 부분을 보고 있는지 시각적으로 바로 확인을 할 수 있다. 또 중요한 구절이 있는 페이지 모서리를 접거나 문장에 밑줄을 긋거나 여백에 메모하는 등의 적극적인 책 읽기를 할 수 있다. 교과서나 참고서를 정독하면서 본격적으로 '공부'하기에는 종이책이 여러모로 유리하다.

전자책, 오디오북으로 자투리 시간 활용

한편 최근 몇 년간 스마트폰, 태블릿, 전자책 단말기를 통해 전자책을 읽는 인구가 늘어나고 있다. 필자는 2007년 미국의 아마존(Amazon)이 출시한 킨들(Kindle) 이북리더기로 시작해서 영문 서적을 계속 전자책으로 읽어왔다. 전자책에 관해서는 얼리어답터라고 볼 수 있다. 킨들 기기도 신제품이 나오면 계속 구입해서 여러 대를 보유하고 있다. 일본에서 서비스하는 아마존 서비스에도 가입하고 일본 서적 전용 킨들도 사서 일본어 서적도 전자책으로 보고 있다. 국내 서적의 경우 교보문고를 비롯해 몇 개의 전자책 서비스를 제공하는 회사들이 경쟁하고 있는데 필자는 리디북스 이북리더기와 서비스를 이용하고 있다. 평소 회사에 출퇴근할 때 킨들 영어판과 일본어판, 리디북스 이북리더기, 이렇게 총 3대를 가지고 다닌다.

전자책에 빨리 적응한 것은 자투리 시간, 특히 이동 시간에 짬을 내서 책을 읽는 습관과 관련이 있다. 대학교 재학 시절에는 통학 시간 등을 활용해 작고 휴대가 편한 영어 페이퍼백 소설을 많이 읽었다. 당시에는 페이퍼백을 버스나 지하철에서 읽어도 무리가 전혀 없을 정도로 시력이 좋았다. 하지만 나이가 들고 시간이 흐르면서 시력이 점점 나빠져 지금은 작은 활자로 된 책을 읽으면 쉽게 피로

해진다. 전자책 전용 단말기인 이북리더기를 사용하면 활자를 확대해서 읽을 수 있고 스마트폰이나 태블릿과는 다른 메커니즘으로 글을 보여주기 때문에 눈의 피로도가 덜하다. 아날로그적인 책의 향취는 떨어지지만 전자책은 공간을 차지하지 않고 휴대가 간편하고 이동성이 뛰어나며 폰트 조절이 자유로워 매일 사용한다.

전자책을 많이 읽게 된 또 다른 이유는 영문학을 전공한 뒤에 영문 서적을 읽는 것이 일종의 취미가 되었기 때문이다. 오랜 기간 국내 전자책 출판시장은 인식 부족과 시장성 문제 등으로 성장이 지지부진했는데, 아마존에서는 신간이 종이책과 전자책 두 가지 버전으로 출간되는 경우가 많아 영어로 된 책을 구해서 읽기에 편했다. 최근에는 국내 전자책 시장도 많이 활성화되어 책의 종류도 많아졌고 월정액 서비스도 제공되어 선택의 폭이 훨씬 넓어졌다.

전자책과 더불어 아마존이 제공하는 오더블(Audible)이라는 오디오북 서비스도 많이 활용한다. 오디오북은 영어 청취 공부를 하려고 처음 듣기 시작했는데 지금은 전자책과의 시너지 효과가 커서 애용하고 있다. 아마존에서 전자책을 살 때 오더블에서 같은 책의 오디오북도 함께 사곤 한다. 대중교통으로 이동하는 시간에 킨들로 전자책을 보면서 동시에 스마트폰으로 해당 문장을 오디오북으로 듣는다. 킨들로 텍스트 형태로만 책을 읽거나 오더블로 음성만 듣기도 하지만 둘의 진도를 맞춰서 들으면 책에 대한 집중도가 상당히 높아진다. 영어책을 오디오북으로 들으면서 동시에 전자책으로 읽으면 영어 청취력도 높아지고 딴생각하지 않고 집중해서 책을 읽을 수 있다. 상황이 되면 오디오북 성우랑 보조를 맞춰 소리를 내면서 따라 읽기도 하는데 발음과 억양이 교정되고 원어민의 낭독 속도를 익히는 데 도움이 된다.

한글 번역본 전자책과 영어 오디오북 활용법

영어로 책과 오디오북을 동시에 읽고 듣는 것이 아직 부담스럽다면 한글로 번역된 전자책과 영어 오디오북을 동시에 듣는 것도 좋은 방법이다. 예를 들어 『오만과 편견(Pride and Prejudice)』을 읽는다고 하면 영어 원서를 먼저 읽기 전에 한국어로 번역된 전자책을 산다. 요약본이 아니라 전체를 번역한 버전을 구해야 한다. 이제 눈으로는 한글로 번역된 전자책을 읽으면서 귀로는 영어 오디오북을 들으면 한국어로 된 텍스트를 중심으로 진도가 나가므로 내용을 이해하는 데 큰 문제가 없다. 한국어 번역문을 읽으면서 오디오북에서 들리는 영어 문장을 들으면 한국어 - 영어 대응 표현을 확인할 수 있다. 영어 실력에 따라 차이가 있지만 중급 정도 수준이라면 영어 문장 전부는 아니더라도 부분적으로 문장이나 표현을 잡아내면서 들을 수 있다. 이런 방식으로 영어 오디오북의 진도에 맞춰가면서 한국어 번역 전자책을 모두 읽은 후에 영어 원서 『오만과 편견』 전자책을 사서 오디오북과 같이 읽고 듣는다. 이미 줄거리와 내용을 한국어판으로 익혔고 오디오북으로 한 번 들어서 영어 원서를 읽을 때 훨씬 수월하게 느껴질 것이다. 전자책과 오디오북을 결합하면 시각과 청각을 동시에 사용하므로 집중도와 이해도가 높아진다. 또한 한국어 번역본을 같이 활용하면 영어 실력도 높일 수 있으니 적극적으로 활용해보자.

전자책과 오디오북을 활용해서 영어 공부하기(예: 『오만과 편견』)

- 『오만과 편견』의 한국어 번역본을 구입한다.
- 영어 원서의 오디오북을 구입한다.
- 한국어 번역본을 읽으면서 영어 오디오북을 듣는다.
- 이후에는 영어 원서를 구입해 읽으면서 영어 오디오북을 함께 듣는다.

6

마인드맵을 반드시
활용해야 하는 이유

마인드맵(Mind map)은 영국의 교육학자 토니 부잔(Tony Buzan)이 개발한 시각화 방법으로 '생각의 지도'를 그리는 기법이다. 새로운 아이디어를 제안하는 브레인스토밍이나 책을 읽고 독후감을 쓰거나 강의 내용을 정리하는 노트 필기의 방법으로도 많이 사용된다. 최근에는 학계를 비롯해 비즈니스 등 여러 분야에서 광범위하게 활용되고 있어 그 쓰임새가 폭넓어지고 있다. 필자의 경우 국내에 『마인드맵 북』이 출간된 1994년 직후부터 사용해서 꽤 오랜 기간 마인드맵을 공부와 업무에 활용하고 있다.

마인드맵은 이미지와 키워드를 중심으로 방사형으로 가지를 만들어가면서 번호, 기호, 그림 등을 더해 특정한 내용을 시각화한다.

아웃라인 필기는 상위에서 하위 개념이나 제목으로 기계적으로 내려가는 반면, 마인드맵은 방사형으로 아이디어나 키워드가 펼쳐지고 필요에 따라 그림이나 색을 통해 시각적으로 강조할 수 있는 등 자유도와 연결성이 뛰어나다.

아웃풋 중심 학습의 필수 도구

공부 측면에서 마인드맵은 필수 도구라고 볼 수 있다. 책, 논문, 교과서, 기사를 읽은 뒤에 내용을 정리하는 아웃풋 중심 학습을 할 때 적합한 방법이 바로 마인드맵이다. A4 종이를 가로 쪽이 길게 책상에 놓고 다양한 색의 펜을 이용해서 학습한 내용을 키워드 중심으로 그려나가면 된다. 배우기도 쉽고 바로 공부에 적용할 수 있다. 시험을 보기 전에 공부한 내용을 제대로 기억하고 있는지 테스트하는 용도로 백지에 마인드맵을 그려보는 것도 매우 효과적이다. 실제로 시험 보기 직전에 셀프 테스트와 복습용으로 많이 사용하는 방법이다.

마인드맵 그리기 3단계

- 종이를 가로가 긴 방향으로 놓고 중간에 키워드나 이미지를 사용해서 중심 주제(central topic)를 표현한다.
- 중심 주제를 둘러싸고 하위 주제(subtopic)를 방사형으로 그려나간다. 각

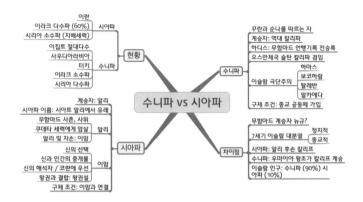

마인드맵 프로그램을 이용해서 강의 내용을 간략하게 정리한 예

하위 주제는 선으로 중심 주제와 연결한다.

- 같은 방식으로 더 낮은 층위의 하위 주제를 필요한 만큼 그려나간다. 각 요소는 상위 요소에 선으로 연결한다.

마인드맵 그리기 팁

- 색, 그림, 기호를 많이 사용한다. 그림을 잘 그리지 못해도 괜찮다. 시각적인 표현 요소를 최대한 많이 넣을수록 기억에 오래 남는다.
- 방사형으로 뻗어나간 주제의 키워드를 되도록 짧게 작성한다. 문장 형태는 되도록 피하자. 키워드 몇 개로 표현하거나 한 단어로 줄일 수 있으면 제일 좋다.
- 글자 크기, 선의 색과 굵기를 다양하게 변화시킨다. 중심에 있을수록 글자

를 크게 쓰고 선을 굵게 그리는 것이 일반적이다. 하지만 강조하고 싶은 요소가 중간이나 가장 하위에 있어도 색을 넣어서 강조하자. 창의적으로 표현할수록 좋다.

이렇게 종이에 컬러펜과 형광펜을 이용해서 직접 그린 그림을 추가하면서 마인드맵을 그리면 재미도 있고 내용 정리도 잘 된다. 그런데 최근에는 자료를 수정하거나 보완하는 등의 관리 측면에서 불편해 직접 그리기보다 마인드맵 프로그램을 사용하는 경우가 더 많다. 또한 일부 마인드맵 소프트웨어는 협업 기능을 통해 여러 명이 동시에 제작하고 수정할 수 있게 되어 있다. 마인드맵 프로그램은 PC 버전뿐만 아니라 스마트폰이나 태블릿 버전으로도 다양하게 출시되어 있다. 무료 버전도 있으니 '엑스마인드(XMind)'를 비롯한 많이 알려진 제품 몇 개를 실제로 테스트해보고 사용하면 된다.

마인드맵은 배우기도 쉽고 무궁무진한 활용도를 가지고 있다. 종이에 그려도 재미있고 컴퓨터를 이용해서 그리면 상당히 복잡한 내용도 정리할 수 있다. 그만큼 편리한 생각 정리 도구이니 직접 많이 그려보고 공부에 활용해보자.

7

개념과 단어 암기에 최적화된
학습 도구, 인덱스카드

지금은 컴퓨터와 스마트폰으로 도서관의 책을 검색할 수도 있지만 1990년대만 하더라도 도서관을 이용할 때 나무로 된 카드목록함을 뒤져가면서 도서목록카드를 찾아야 했다. 도서명이나 저자, 주제별로 분류된 도서목록카드를 보고 책의 위치를 찾아서 대출하거나 필요한 부분을 복사했다. 당시 도서목록카드는 약간 빳빳한 종이에 줄을 그은 카드였는데 지금도 문구점에 가면 같은 디자인의 카드를 구할 수 있다! 보통 인덱스카드, 학습카드 혹은 스터디카드로 검색하면 찾을 수 있고 크기도 다양해서 공부나 메모를 하려고 많이 이용한다. 특히 책이나 논문을 읽으면서 내용을 정리하거나 글을 쓸 때 활용하고 암기 과목에서 개념, 용어, 세부사항을 외울 때 쓰는 도구로도 유용하다.

인덱스카드를 즐겨 활용한 대표적인 인물은 로널드 레이건 전 미국 대통령이다. 그는 평소에 줄이 없는 백지의 인덱스카드를 항상 휴대하고 다녔는데, 인상 깊은 농담이나 시 구절, 역사적인 사실을 수집해 적어놓았다가 연설 등에 활용한 것으로 유명하다. 레이건은 인덱스카드 한 면에 약 10개의 구절을 적었고 양면을 모두 사용했다. GE(제너럴 일렉트릭)의 홍보직원으로 일할 때부터 대통령 임기가 끝날 때까지 오랜 기간을 인덱스카드에 인용할 만한 구절을 수집하는 습관이 몸에 배었다고 한다. 식사 중에도 누군가 재미있는 이야기를 하거나 흥미로운 내용이 나오면 꼭 휴대하고 있던 카드에 내용을 메모했고 이후 연설이나 모임에서 활용했다는 것이다. 레이건의 인덱스카드 활용법은 스마트폰과 클라우드가 대세인 지금도 유효하다.

인덱스카드는 아날로그 메모 방식이지만 한 장의 카드 단위로 정보가 기록되므로 순서를 쉽게 변경할 수 있고 직접 손으로 기록하니 기억에도 오래 남는다. 지금도 논문 작성이나 글 쓰는 작가들이 인덱스카드를 활용하는 가장 큰 이유다.

인덱스카드 활용 5단계

학습과 관련해서도 인덱스카드는 활용도가 뛰어나다. 공부한 내용을 순차적으로 기록할 때는 노트 사용이 선호된다. 하지만 독립적인 단위로 개념이나 단어를 암기해야 하는 경우 인덱스카드가 적합하다. 인덱스카드로 단어나 개념의 정의를 외우는 학습 방법은 에빙하우스의 망각 곡선을 참고해서 일정 주기를 두고 모르는 카드 중심으로 복습하는 것인데 구체적인 방법은 다음과 같다.

인덱스카드 활용 5단계

- 카드 앞면에 문제, 즉 단어나 철학 개념을 적는다. 뒷면에 단어의 뜻이나 철학 개념의 정의를 간략하게 적는다. 이런 카드를 20~30장 정도 만든다.
- 작성한 카드를 별도의 박스에 넣는다. 내부가 다섯 칸 정도로 구분된 박스의 가장 왼쪽에 비치하면 좋다. 구입해도 좋지만 집에 있는 종이 박스를 잘라서 직접 만들거나 칸이 나뉘어 있는 명함 보관함을 사용해도 된다.
- 첫 칸에 있는 카드를 한 장씩 꺼내서 앞면을 보고 뒷면의 답을 떠올린다. 맞히면 오른쪽에 있는 두 번째 칸으로 옮겨 놓고, 틀리면 답을 확인한 뒤에 다시 첫 칸 맨 뒤로 돌려보낸다.
- 새로운 카드를 계속 만들어 첫 칸에 두고 학습하면서 두 번째 칸이 거의 차면 꺼내서 복습한다. 정답을 맞히면 세 번째 칸으로 이동시키고 틀리면 다시 처음 칸의 맨 뒤로 돌려보낸다.
- 같은 방식으로 카드 제작과 복습을 주기적으로 반복한다. 복습 주기는 첫 번째 칸은 1일, 두 번째 칸은 3일, 세 번째 칸은 일주일, 네 번째 칸은 한 달, 마지막 칸은 3개월 식으로 점점 주기를 길게 가져간다. 맨 마지막 칸에 있는 카드도 복습하면서 정답을 맞혔다면 박스에서 빼서 다른 곳에 보관한다.

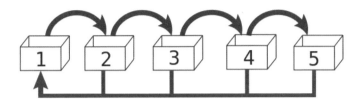

정답이면 오른쪽 박스로 이동

오답이면 왼쪽 박스로 이동

이 방법은 세바스티안 라이트너(Sebastian Leitner)의 『공부의 비결(So lernt man lernen)』이라는 책에서 설명한 공부법으로 일부 모바일 앱에서도 '라이트너 방식'을 사용한 단어 암기 훈련을 지원한다. 라이트너 방식의 인덱스카드를 이용한 공부법은 단어나 짧은 개념을 암기하는 데 효과적이지만 학습자가 처음 카드를 제작하는 데 시간이 걸리고 카드 제작을 하면서 동시에 복습을 주기적으로 하기가 쉽지 않다. 이런 단점을 보완하기 위해서 단어 암기용 스마트폰 앱에서 자동으로 라이트너 방식에 따른 복습 주기를 계산해서 문제를 추출해주는 기능을 지원한다. 하지만 자신의 손글씨와 아날로그 느낌의 종이 카드를 선호하는 사람도 많다.

인덱스카드는 아날로그 방식으로 외국어 단어, 용어와 정의 등을 암기하려고 할 때 사용하는 가장 일반적인 공부 도구다. 하지만 글을 쓸 때 책이나 논문 정리 등의 다양한 용도로도 쓰이고 있으니 자신만의 활용 방식을 찾아보는 것도 좋겠다.

8

집중력을 높이는
이어폰과 헤드폰

가장 많이 사용하는 물건에 돈을 투자하는 것이 투자 대비 효과가 가장 크지 않을까. 예를 들어 침대, 책상, 의자, 마우스, 키보드처럼 오랜 시간 사용하는 물건은 비싸더라도 품질이 좋은 것을 사라는 의미일 것이다. 이런 이유로 매일 일정 시간을 이용하는 이어폰과 헤드폰은 좀 비싸도 반드시 노이즈 캔슬링(noise-cancelling), 즉 소음 차단 제품으로 구매하고 있다. '내 귀는 소중하니까'라는 이유도 있지만 공부의 효율성을 높이기 위한 목적도 있다.

소음 차단, 감소 기능이 있는 이어폰이나 헤드폰은 내장 마이크를 사용해 주변의 소음과 반대되는 사운드를 출력해 외부 소음을 상쇄시킨다. 미국 음향기기 제조회사인 보스(Bose)가 항공기 승무

원을 위한 기내 소음 방지용으로 개발한 후 음악 감상용 제품도 상용화가 되어 현재는 소니를 비롯한 여러 제조사에서 다양한 제품을 판매하고 있다.

여행이나 출장을 가기 위해 비행기를 타면 '웅~' 하는 소음이 들리는데 소음 차단 이어폰이나 헤드폰을 사용하면 이런 소음이 상당히 줄어든다. 평소에 버스와 지하철을 타고 출퇴근하면서 팟캐스트, 오디오북을 듣거나 인터넷 강의, 유튜브 영상을 볼 때 일반 이어폰을 사용하면 소음 때문에 소리가 잘 들리지 않아 습관적으로 볼륨을 과하게 높이게 된다. 음향 볼륨을 평균 이상으로 높게 한 상태에서 장기간 음악이나 팟캐스트를 들으면 결국 청력에 무리를 줄 수 있다. 청력은 한 번 잃으면 회복할 수 없으니 각별히 주의하자.

소음 차단 이어폰의 다양한 기능

주변에서 영어 청취력 향상을 위해 오디오 파일을 듣는다고 하면 꼭 소음 차단 이어폰을 사용하라고 권유한다. 현재 보스(Bose) 사의 QC20 이어폰과 QC35 헤드폰을 사용하고 있는데 두 제품 모두 소음 차단 기능이 있다. 이어폰의 경우 하루 평균 사용 시간이 최소한 2~3시간 정도 되는데 사용 시간과 빈도가 높아 관리를 잘한다고 해도 원래 제품 수명보다 일찍 망가지는 편이다. 다시 구매할 때도 같은 모델이나 좀 더 기능이 향상된 소음 차단 이어폰을 산다. 단,

이동 중 듣기에 집중하다 보면 주변의 소리를 못 들어 위험에 노출되는 경우가 있다. 이동 중이라도 지하철 차량 내부처럼 정지된 상태에서만 소음 차단 이어폰을 사용하는 등 자기만의 안전 수칙을 세워서 지키자.

이동하면서 음악이나 학습용 오디오를 듣기 위해서만 소음 차단 이어폰을 사용하지는 않는다. 외부 소음을 줄이고 싶은 상황이라면 언제든 활용할 수 있다. 예를 들어 커피숍에 가서 공부하려고 할 때 소음 차단 이어폰의 전원을 켜면 주변 소음이 줄어들어 팟캐스트를 듣거나 오디오북을 집중해서 듣기에 좋다. 스마트폰 음악 앱을 통해서 차분한 템포의 음악을 들으며 책을 읽거나 공부하는 경우에도 좋다. 음악 앱이나 오디오북을 전혀 사용하지 않고 소음 차단 기능만 켠 상태에서 공부해도 학습의 효율성이 높아진다.

공부하면서 시간이 갈수록 중요하다고 느껴지는 것이 바로 시력과 청력을 비롯한 신체의 건강이다. 젊고 건강할 때는 잘 느끼지 못하지만 나이가 들면서 시력이 나빠지거나 노안이 오거나 청력에 문제가 생기면 의지가 있어도 공부하는 것이 체력적으로 힘들어질 때가 있다. 장기적인 목표를 정하고 공부하고 있다면 반드시 건강을 우선으로 챙겨야 한다는 점을 명심하고 공부하는 중에도 일정 시간마다 적절한 휴식을 취하자.

9

녹음기 활용의
모든 것

기자라는 직업 때문에 녹음기 사용이 익숙하다. 인터뷰하러 갈 때면 항상 녹음기를 휴대한다. 인터뷰하면서 주요 내용을 기자 수첩이나 노트북에 받아 적지만 혹시 자료가 유실될 경우나 제대로 적지 못한 부분을 보충하기 위해 반드시 녹음한다. 스마트폰의 녹음 기능도 나쁘지 않지만 녹음 도중에 전화가 걸려오는 등의 상황이 있어서 업무나 학습을 목적으로 녹음이 필요할 때는 전용 녹음기를 사용한다.

셀프 테스트용으로 활용하기

공부를 위한 녹음기 활용법은 사실 모두가 알고 있다. 선생님께 사전에 허락을 받아 수업 내용을 녹음해서 틈틈이 듣고 다니는 것이 가장 일반적인 활용법이다. 학습 내용을 녹음해 복습용으로 주기적으로 듣기만 해도 좋지만, 본인이 공부한 내용을 직접 말로 요약해 보고 그것을 녹음해서 다시 듣는 것이 훨씬 효과적이다.

아웃풋 중심의 공부를 할 때 셀프 테스트용으로 녹음기를 활용할 수도 있다. 단어를 암기할 때 암기할 단어와 단어의 뜻 사이에 몇 초씩 간격을 두고 녹음해서 셀프 테스트를 하고 자신의 응답 소요 시간을 체크하자. 중국어의 경우 단어 암기를 할 때 한자 쓰기 때문에 받아쓰기 훈련이 매우 중요한데, 같은 단어를 여러 번 반복해서 읽는 방식으로 녹음한다. 녹음된 파일을 재생해서 단어가 들리면 백지에 해당 단어를 받아쓰기한다. 중국어 단어 암기에 특히 효과가 좋은 방법이다.

녹음을 처음 해보는 학습자는 의외로 스트레스를 받을 수도 있다. 가장 당혹스러워하는 부분이 자기 목소리를 듣는 것이다. '내가 원래 이런 목소리로, 이렇게 말하나?' 하는 생각이 들 정도로 생소해한다. 그런데 녹음기는 거짓말을 하지 않는다. 평소 말할 때의 나쁜 습관들이 아주 뚜렷하게 들리니 수정의 기회로 삼자.

외국어 공부에 특히 효과적

영어 회화도 녹음을 해보면 자신이 생각한 수준과 실제 수준의 차이가 드러난다. 녹음기로 기대 수준과 실제 수준의 격차를 줄이는 훈련을 할 수 있다. 여기서 '영어 실력이 낮은데 회화를 녹음해서 듣는다고 좋아질까?'라고 의심할 수 있다. 그런데 점점 좋아진다. 이유는 간단하다. 대부분의 학습자가 자신의 실력 수준보다 더 높은 실력을 인지할 수 있다. 쉽게 말해 본인의 영어 실력이 중급이라도 고급 영어를 구사하는 대화 상대방의 말을 대략 알아 듣는다.

독해도 인지 영어 수준이 활용 영어 수준보다 높은 경향이 있다. 영자 신문을 소화하는 고급 수준의 독해가 가능한 사람도 막상 중학교 영어 교과서 수준의 영작도 하기 힘들어한다. 학습자의 상당수가 인풋 위주의 학습을 해왔기 때문인데 대신 아웃풋의 속도나 정확성은 떨어진다.

회화 연습을 할 때 본인이 직접 녹음한 내용을 들으면서 부족한 부분이나 실수를 '자기 교정(self-correct)'할 수 있다. 그냥 한번 말해 보고 넘어가기보다 녹음해서 어색하거나 틀린 부분을 체크한 뒤에 교정하려고 노력하면서 다시 한번 말하는 연습을 해보자.

스마트폰이나 전용 녹음기로 자신의 목소리를 녹음하는 것은 누구나 할 수 있지만 막상 하려고 하면 심리적인 부담감이나 녹음 환경의 문제 등으로 실천하기가 쉽지 않다. 자신의 녹음 목소리가 어색하고 이상하더라도 '배우는 과정인데 틀리면 어때' 하는 식으로 편하게 생각하고 진행하자. 녹음기를 활용하면 아직 여러 사람 앞에서 영어로 말하는 것이 익숙하지 않은 사람도 심리적인 안정감을 얻으면서 연습 기회를 확보할 수 있다.

회화 교재나 팟캐스트 음성 파일, 스크립트를 구한 뒤에 문장 단위로 원어민과 자신의 발음을 비교 분석하는 훈련을 할 수도 있다. 녹음을 통해 본인 발음의 정확도, 강세의 위치, 끊어 읽기, 호흡, 감정 처리 등을 원어민 발음 파일과 비교한다. 원어민과의 발음 격차를 최대한 줄이려고 노력하는 과정에서 점차 발음이 교정된다. 발음 교정이 힘든 이유는 원어민의 오디오 파일을 따라 읽고 녹음한 후 비교 분석하면서 자기 발음을 고치려는 노력을 하지 않아서이다. 반대로 생각하면 녹음기만 잘 활용해서 연습해도 외국어 발음은 확실히 좋아진다. 훈련 강도가 높으면 높을수록 발음 교정의 효과는 빠르고 확실하게 나타난다.

녹음기를 활용한 낭독 훈련의 핵심은 원어민이 읽은 원음과 자신이 읽은 문장이 모든 측면에서 최대한 비슷하게 들릴 때까지 되풀이해서 연습하는 것이다. 중간에 틀렸다고 녹음을 중지하지 말고 반복해서 연습하자. 녹음 파일은 날짜를 파일명으로 해서 보관하고, 일정 기간이 흐른 뒤에 얼마나 좋아졌는지 이전과 비교해보자.

곽영섭·양승진, 『News English Powerdic』(개정판), 넥서스, 2005.

김태완, 『나의 외국어 학습기』, 메멘토, 2018.

롬브 커토, 『언어 공부』, 신견식 옮김, 바다출판사, 2017.

세바스티안 라이트너. 『공부의 비결』, 안미란 옮김, 들녘, 2005.

양승진, 『영자신문을 활용한 영어학습법 ENIE』, 서프라이즈, 2017.

윌리엄 H. 맥레이븐, 『침대부터 정리하라』, 고기탁 옮김, 열린책들, 2017.

장승진, 『영어와 함께 살아가는 방법』, (주)프랙티쿠스, 2015.

후루이치 유키오, 『1일 30분』, 이진원 옮김, 북아지트, 2019.

Allen, David, *Getting Things Done*, Viking, 2001.

Brown, Peter C., *Make It Stick*, Belknap Press, 2014.

Cirillo, Francesco, *The Pomodoro Technique*, Currency, 2018.

Clear, James, *Atomic Habits*, Avery, 2018.

Dohigg, Charles, *The Power of Habit*, Random House Trade Paperbacks, 2014.

Eco, Umberto, *How to Write a Thesis*, tr. by Farina, Caterina Mongiat·Farina, Geoff,
    The MIT Press(Translation edition), 2015.

Newport, Cal, *Deep Work*, Grand Central Publishing, 2016.

樺沢紫苑, 『学びを結果に変えるアウトプット大全』, サンクチュアリ出版, 2018.

佐藤優, 『読書の技法』, 東洋経済新報社, 2012.

池上彰·佐藤優, 『僕らが毎日やっている最強の読み方』, 東洋経済新報社, 2016.

池田義博, 『脳にまかせる勉強法』, ダイヤモンド社, 2017.

결국 실천이 중요하다

주변을 보면 직장 생활을 하면서 공부를 병행하는 사람들이 꽤 많아졌다. 일을 하면서 대학원에 진학하거나 외국어 학원, 자격증 강좌, 스터디 모임 등에 나가는 사람들이 꾸준히 늘고 있는 듯하다. 출산, 육아로 공백기를 가진 여성들이 학교로 돌아오거나 새로운 분야로 진출하기 위해 공부하는 경우도 많다.

공부하는 직장인 '샐러던트'가 증가하는 경향에 맞춰 책 출간 제안을 받았을 때 어느 정도 자신이 있었다. 제법 긴 시간을 샐러던트로 살아왔고 지금도 주경야독으로 직장과 대학원 공부를 병행하면서 평소 공부하는 이들에게 해주고 싶은 말이 많았기 때문이다. 게다가 공부법에 관심이 많고 책을 출간한 경험도 있으니 이보다 더 적합한 조건이 있겠나 싶었다.

그런데 저자로서 이상적이라고 여겼던 조건, 즉 일과 학업을 병행하는 것이 막상 원고를 쓰는 데는 예상치 못한 걸림돌로 작용했다. 틈틈이 휴가까지 내면서 대학원 공부를 힘겹게 따라가는 형편이라 원고 쓸 시간이 절대적으로 부족했는데도 그런 현실을 간과했다. 자신감은 어느새 달아나고 대신 그 자리에 막막함만 채워졌다.

책 쓰기는 공부와 마찬가지로 방법을 알고 모르고의 문제가 아니다. 실천이 관건이다. 원고 한 챕터 작성이 100미터 달리기라면 책 전체 분량만큼 일정 기간 꾸준하게 쓰는 작업은 마라톤 완주와 난이도가 비슷하다. 또 실제로 도움이 되고 끌리는 내용의 글을 쓰기란 마라톤 최종 순위권에 들어가는 것만큼이나 여간 어려운 일이 아니다.

초반에 원고 작업에 난항을 겪다가 중반 이후에 쓰고 있던 원고 내용을 셀프 테스트 해볼 겸 1시간 공부법을 적용해 써보았다. 타임타이머를 비롯해 책에서 설명한 여러 공부 기술을 적용했다. 원고 작업에 속도가 붙었고 결국 초고가 나왔다. 돌이켜보면 1시간 공부법을 적용하지 않았다면 아마 몇 배의 시간을 더 들이고 나서야 원고가 나오지 않았을까 싶다.

예전에 헬스장에서 나의 부실한 체력을 고려하지 못한 트레이너가 무리한 운동을 시켜서 회원권을 며칠 사용하지도 못하고 병원 신세를 진 적이 있다. 과한 운동을 하면 근육이 파열되듯 책에 나와 있는 세세한 공부 기술을 적용할 때 준비운동을 하듯 본인에게 적합한지 꼭 테스트해볼 것을 권한다. 모든 내용을 다 적용할 필요도 없다. 필요에 따라 취사선택해서 사용하고 자신의 상황과 성향에 맞게 얼마든지 변형시켜서 활용해보자. 궁극적으로는 본인에게 최적화된 공부 방법 찾기를 목표로 하자. 특정한 방법론을 맹신하거나 무조건적으로 적용해서 본인의 학습 의욕을 떨어뜨리거나 시간을 낭비하는 일은 없었으면 좋겠다.

혹시 후기를 읽고 있다면 다른 건 잊어도 좋지만 책의 핵심인 하루 1시간 공부는 꼭 시도해보면 좋겠다. 매일 운동하듯, 틈만 나면 공부한 내용을 잊으려 몸부림치는 기억 세포들을 지식 헬스장에 보낸다는 생각으로 강도 높게 굴려주자. 강도가 셀수록 학습 효율도 올라간다는 점을 꼭 기억하자.

마지막으로 책의 기획부터 집필, 수정, 최종 출판까지 저자를 이끌어주고 수많은 조언을 아끼지 않은 메멘토 출판사 박숙희 대표, 공부하는 기자를 배려해주시는 《코리아헤럴드》 신용배 편집국장님, 부족한 박사과정 대학원생을 챙겨주시고 열성적으로 지도해주시는 한국학중앙연구원 김현 교수님, 공부하는 후배를 항상 응원해주시는 김옥련 선배님, 평생 공부하라는 잔소리 한번 안 하신 부모님과 무한한 애정으로 샐러던트 생활을 이해해주고 지원해주는 아내 그리고 이 책을 읽어주신 모든 독자께 감사의 인사를 전한다.

일단, 오늘 1시간만 공부해봅시다

다시 시작하는 나를 위한 1일 공부 실천법

초판 1쇄 발행 2019년 6월 24일
초판 5쇄 발행 2021년 1월 20일

지은이 | 양승진
교정 | 김은경
디자인 | 여상우

펴낸이 | 박숙희
펴낸곳 | 메멘토
신고 | 2012년 2월 8일 제25100-2012-32호
주소 | 서울시 은평구 연서로26길 9-3 동양오피스텔 301호(대조동)
전화 | 070-8256-1543 팩스 | 0505-330-1543
이메일 | mementopub@gmail.com

ⓒ양승진
ISBN 978-89-98614-66-9 (03190)

이 도서의 국립중앙도서관 출판예정도서목록(CIP)은 서지정보유통지원시스템
홈페이지(http://seoji.nl.go.kr)와 국가자료종합목록 구축시스템(http://kolis-net.nl.go.kr)에서
이용하실 수 있습니다. (CIP제어번호 : CIP2019022774)